Die Natur-Detektive

Geheimnisvolle Spuren im Wald

Mehr über unsere Bücher, Autoren und Illustratoren auf:
www.thienemann-esslinger.de

Fabian Lenk, mit Bildern von Sabine Sauter:
Die Natur-Detektive – Geheimnisvolle Spuren im Wald
ISBN 978-3-480-23473-8

Einbandtypografie: Sabine Reddig, Grafik Design & Illustration
Innentypografie: Tanja Haaf
Reproduktion: Schwabenrepro GmbH, Stuttgart
Druck und Bindung: Livonia Print, Riga, Lettland

© 2019 Esslinger
in der Thienemann-Esslinger Verlag GmbH, Stuttgart
Blumenstraße 36, 70182 Stuttgart

Fabian Lenk · Sabine Sauter

Die NATUR-Detektive
Geheimnisvolle Spuren im Wald

ess!inger

Inhalt

Im Ausguck 11

Eine gefährliche Entdeckung 23

Geschichten in der Kuschelhöhle 34

Zwei böse Jungs 46

Die Drohung 57

Die Spur 67

Unheimliche Geräusche 80

In der Falle 87

Ein letzter Gruß 97

Im Ausguck

„Sie kommen!", flüsterte Fenja.

„Ja", erwiderte Tim. „Das wird ein Spaß!"

Die beiden kauerten auf einer Plattform aus stabilen Brettern, die hoch oben in den Ästen einer starken Eiche gebaut war. Von ihrem Ausguck spähten sie auf den Weg, der sich durch den großen Wald schlängelte. Dort hinten kamen ihre Freunde Sophia und Benni. Sie näherten sich ihrem gemeinsamen, streng geheimen Hauptquartier.

„Bist du bereit?", fragte Tim.

„Na klar", wisperte Fenja und pustete sich eine ihrer dunklen Locken aus den Augen. Sie kicherte leise.

„Gut!", sagte Tim und packte eines der beiden Seile, die an besonders kräftigen Ästen hingen. Fenja schnappte sich das zweite. Benni und Sophia waren noch zwanzig Meter entfernt.

„Drei, zwei, eins … los geht's!", zischte Tim.

Dann klammerten sich die beiden an die Seile und schwangen sich mit lautem Gebrüll vom Ausguck hinunter. Fenja genoss den Wind, der ihr um die Nase pfiff, als sie mit ihrem Bruder auf die Freunde zusauste. Genau im richtigen Moment ließen die beiden los, flogen ein kurzes Stück durch die Luft und landeten vor den Füßen von Benni und Sophia.

„Hände hoch!", rief Fenja übermütig.

„Überfall!", lachte Tim.

Benni wich zurück. Der schmale Junge mit der Brille war nun einmal nicht der mutigste. „Habt ihr mir einen Schreck eingejagt!", rief er.

Sophia aber lachte nur und verbarg schnell einen kleinen bunten Stoffbeutel hinter ihrem Rücken.

„Überfall? Von wegen! Meine Kekse bekommt ihr nicht", stellte sie klar.

Sophia wollte heute mal wieder die Vorräte in der Hütte auffüllen. Dieser Vorrat war eigentlich nur für den Notfall gedacht – doch seltsamerweise war ständig alles aufgefuttert.

„War doch nur ein Scherz", meinte Tim. „Kommt mit! Es gibt einiges zu tun."

Gemeinsam liefen die vier Freunde die wenigen Meter zum Hauptquartier der „Pfifferlinge", denn so nannten sie ihre kleine Bande.

Um die mächtige Eiche herum stand eine Hütte aus festen Brettern, mit zwei Fenstern und einem Dach. Aus dem Dach streckte der Baum seine unzähligen Äste in den Himmel. Hoch oben thronte der Ausguck. Es schien, als hebe der alte stolze Baum ihn in die Luft – wie ein Kellner ein Tablett.

Kurz vor der Tür hielt Tim inne und drehte sich zu Sophia und Benni um. „Ist euch jemand gefolgt?"

Die beiden schüttelten den Kopf.

„Sicher?"

Nun nickten sie heftig.

„Okay", meinte Tim zufrieden und öffnete die Tür, die quietschend zurückschwang. Er ging hinein. Sophia und Benni folgten.

Nur Fenja blieb noch für einen Moment am Eingang stehen und warf einen prüfenden Blick über die Schulter. War ihnen doch jemand hinterhergeschlichen?

Die Pfifferlinge hatten immer Angst, dass jemand ihr Hauptquartier entdecken und vielleicht etwas kaputt machen könnte.

Fenja verstand nicht, wie jemand so gemein sein konnte, aber es war leider so. Im Urlaub ärgerte sie sich immer total darüber, wenn ein anderes Kind ihre Sandburg samt Türmchen, Wassergraben und Mauern kaputt machte. Fenja spürte, dass sie wütend wurde. Ganz heiß war ihr.

Noch viel schlimmer wäre es, wenn irgendjemand ihr Hauptquartier erobern und die Pfifferlinge vertreiben würde. Rollo und Dustin zum Beispiel, die wie Tim in die vierte Klasse gingen. Vor denen musste man sich in Acht nehmen, weil sie ständig Streit suchten. Leider wohnten Rollo und Dustin auch in der Siedlung am Waldrand, in der Fenja mit ihrem Bruder sowie die Familien von Benni und Sophia lebten.

Doch nein, weit und breit war niemand zu sehen, stellte Fenja erleichtert fest. Kein Rollo, kein Dustin.

„He, Fenja, wo bleibst du denn?", rief Sophia.

„Komme ja schon", erwiderte Fenja. Nun schlüpfte auch sie durch die Tür in das Reich der Pfifferlinge, das sie zusammen mit ihren Eltern errichtet hatten. Einen ganzen Sommer hatten sie dafür gebraucht.

Ihr Hauptquartier bestand aus einem einzigen sehr großen Raum. Die Freunde hatten Tiere auf die Wände gezeichnet: Ein Fuchs schnürte neben der Tür, eine Rotte Wildschweine spazierte unter einem der beiden kleinen Fenster entlang, und wenn die

Pfifferlinge die Köpfe in den Nacken legten, sahen sie Fledermäuse und einen Uhu, die über die Innenseite des Daches flatterten.

An den Wänden standen grob gezimmerte Bänke, auf denen Wolldecken lagen, in die man sich prima hineinkuscheln konnte. Ihre Hütte war der schönste Platz, den man sich nur denken konnte!

Benni hatte um den Stamm der Eiche ein langes Seil mit Metallhaken gebunden. Daran konnte man zum Beispiel nasse Jacken aufhängen, aber auch Nahrungsmittel wie die leckeren Kekse von

Sophia. So standen die Sachen nicht auf dem Boden und konnten daher auch nicht feucht werden. Außerdem kamen die Mäuschen nicht an die Vorräte der Pfifferlinge heran. Benni hatte oft so praktische Ideen.

Sophia befestigte den Beutel mit den Keksen an einem der Haken. „Lecker", grinste Benni und streckte die Hand nach den Süßigkeiten aus.

„Finger weg, die sind nur für Notfälle", rief Sophia.

„Das ist ein Notfall. Ich habe Hunger", meinte Benni. „Heute Mittag gab es bei uns Spinat. Wer mag das schon? Du vielleicht?"

Sophia ließ sich jedoch nicht erweichen. „Die Kekse bleiben hier in der Hütte am Haken. Das ist unsere Reserve!"

„So, wer hilft mir beim Ausbessern von ein paar Brettern an der Rückseite?", fragte Tim und holte einen Hammer und eine Schachtel Nägel aus einer verschließbaren Kiste.

„Ich!", rief Fenja sofort.

„Ich auch." Das war Benni.

Sophia war ebenfalls Feuer und Flamme.

Sie schnappten sich noch zwei weitere Hämmer und eine Säge.

Dann verließen sie die Hütte, über die die schöne Eiche

schützend ihre Krone gebreitet hatte, und marschierten zur Rückseite.

Tim deutete auf ein Brett. „Das hier ist morsch. Wir müssen es auswechseln. Benni, willst du ein Stück Holz suchen, aus dem wir ein neues Brett sägen können?"

„Klar, bin schon unterwegs!"

Während Benni losflitzte, zogen Tim, Sophia und Fenja die Nägel aus dem morschen Teil und legten es beiseite.

„Und die hier", Tim zeigte auf zwei weitere Bretter, „sind lose. Die können wir aber einfach wieder festnageln."

Schon hämmerten die drei Pfifferlinge Nägel hinein.

„So musst du das machen", half Tim Sophia, die sich mit Hammer und Nagel immer etwas schwer tat.

Da schleppte Benni einen dicken Ast heran.

„Das ist ja ein ganzer Baum!", lachte Fenja.

„Na und? Daraus bekommen wir doch gleich mehrere Bretter!", verteidigte sich Benni.

„Stimmt, gut gemacht", lobte Tim. Dann sägte er rasch ein neues Brett zurecht, das sie an der freien Stelle einsetzten. Es passte haargenau.

„So, das wäre geschafft!", freute sich Tim und betrachtete zufrieden ihr gemeinsames Werk. Dann hockten sie sich vor der Hütte auf Baumstümpfe.

„Und was machen wir jetzt?", fragte Sophia.

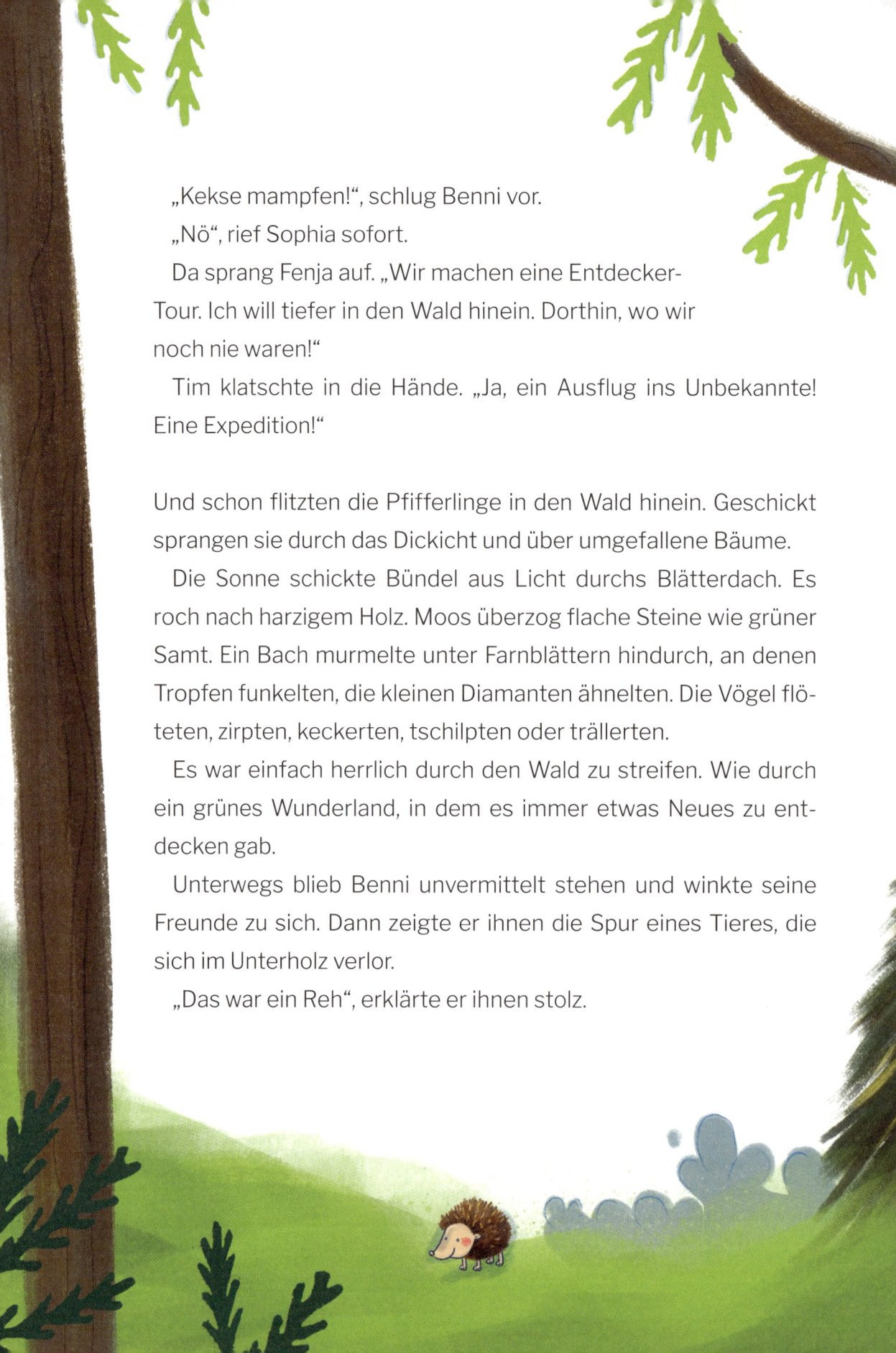

„Kekse mampfen!", schlug Benni vor.

„Nö", rief Sophia sofort.

Da sprang Fenja auf. „Wir machen eine Entdecker-Tour. Ich will tiefer in den Wald hinein. Dorthin, wo wir noch nie waren!"

Tim klatschte in die Hände. „Ja, ein Ausflug ins Unbekannte! Eine Expedition!"

Und schon flitzten die Pfifferlinge in den Wald hinein. Geschickt sprangen sie durch das Dickicht und über umgefallene Bäume.

Die Sonne schickte Bündel aus Licht durchs Blätterdach. Es roch nach harzigem Holz. Moos überzog flache Steine wie grüner Samt. Ein Bach murmelte unter Farnblättern hindurch, an denen Tropfen funkelten, die kleinen Diamanten ähnelten. Die Vögel flöteten, zirpten, keckerten, tschilpten oder trällerten.

Es war einfach herrlich durch den Wald zu streifen. Wie durch ein grünes Wunderland, in dem es immer etwas Neues zu entdecken gab.

Unterwegs blieb Benni unvermittelt stehen und winkte seine Freunde zu sich. Dann zeigte er ihnen die Spur eines Tieres, die sich im Unterholz verlor.

„Das war ein Reh", erklärte er ihnen stolz.

Die anderen nickten. Sie zweifelten keine Sekunde daran, dass Benni recht hatte. Er kannte sich schließlich bestens mit Tierspuren aus.

Sie liefen weiter. Der Boden war zunächst eben, doch dann wurde das Gelände bergig. An der höchsten Stelle gab es sogar eine Höhle. Dort wohnten Fledermäuse.

„Wow, seht ihr die Buche dort?", rief Fenja plötzlich. „Das ist ein super Kletterbaum! Nichts wie rauf. Wer zuerst oben ist!"

„Okay", meinte Tim. „Auf die Plätze, fertig ..."

„Los ... und tschüss!", rief Fenja und sauste los.

„He, das gilt nicht!", rief Tim, während er mit Sophia und Benni seiner Schwester hinterherrannte. „Du hast geschummelt."

„Das habe ich gar nicht nötig!", rief Fenja lachend. Sie hatte bereits die ersten Äste erklommen und zog sich geschickt weiter hinauf. „In diesem Schneckentempo kriegst du mich ja nie!", ärgerte sie ihren großen Bruder.

„He, aufhören", mahnte Sophia von unten. „Ist doch wurscht, wer zuerst oben ist."

Die anderen konnten bei Fenjas Tempo nicht mithalten. Wie immer gewann sie den Wettkampf.

Nun hockte sie rittlings auf einem der beiden höchsten Äste und schaute zu ihrem Bruder, Sophia und Benni hinunter.

„Huhu, wo bleibt ihr denn? Tolle Aussicht hier oben!"

Dann ließ Fenja ihren Blick über das Waldgebiet schweifen. Plötzlich stutzte sie und hielt den Atem an. Sie hatte etwas entdeckt!

Etwas, das ihr Angst einflößte ...

Eine gefährliche Entdeckung

Dort verschwand gerade ein großer Hund hinter einem dichten Busch. Wenn Fenja nicht alles täuschte, dann war das Tier nicht angeleint. Und wo war der Besitzer? Das Herrchen oder Frauchen? Nirgendwo!

Fenja wurde wütend. Das war gefährlich. Wenn der große Hund Witterung aufnahm und ein Reh, einen Hasen oder ein Kaninchen aufstöberte, endete das meistens böse. Vielleicht konnten die Tiere entkommen, doch oft wurden sie auf der Flucht von einem Auto angefahren.

Jetzt tauchte der Hund wieder auf, und nun bemerkte Fenja noch etwas: Das Tier mit dem teils grauen, teils weißen Fell zog das rechte Hinterbein nach. Offenbar war der große Hund verletzt. Fenjas Ärger verwandelte sich in Mitleid. Der arme Hund – einsam und verletzt im Wald! Doch plötzlich riss sie die Augen auf. War das überhaupt ... ein Hund? Oder war das etwa ...

„Kommt mal schnell rauf zu mir!", rief sie aufgeregt.

„Ist der Ast auch dick genug, auf dem du sitzt?", wollte Benni wissen.

„Hm, glaube schon", antwortete Fenja. „Beeilt euch! Ich habe etwas Spannendes entdeckt!"

„Was ist es? Ein Ufo? Oder ein fliegender rosa Elefant?", fragte Sophia, während sie sich keuchend von Ast zu Ast zog.

„Ne, viel besser", antwortete Fenja.

Wenige Momente später saßen sie jeweils zu zweit auf einem der beiden dicken Äste.

Fenja deutete zur Lichtung, wo das Tier gerade sein Bein an einem Farnbüschel hob. Doch dann verschwand es wieder, diesmal hinter Bäumen, die der letzte Sturm umgeknickt hatte.

„Das darf doch nicht wahr sein",
murmelte Sophia. „Der Hund ist
nicht angeleint. Das geht ja gar nicht!
Wem gehört der denn? Hat ihn einer
von euch hier schon mal gesehen?"

„Nein", meinte Fenja und holte tief Luft. „Und
ich frage mich, ob das überhaupt ein Hund ist oder
ein … Wolf! Die Größe, das graue Fell … "

Vor Schreck wäre Benni fast vom Ast geplumpst. „Ein Wo-ho-
holf?", stammelte er.

„Also, sicher bin ich mir natürlich nicht", gab Fenja zu. „Es könnte
auch ein Hund sein. Und was machen wir jetzt? Sollen wir ihn suchen?"

„Ne, bloß nicht!", rief Benni sofort. „Der ist doch wild. Der beißt
bestimmt!"

„Alter Angsthase", zog Fenja ihn auf.

„Du bist echt gemein!", rief Benni wütend.

Da hob Sophia die Hand. „Hört auf euch zu streiten. Das bringt
uns nichts. Und dem Hund oder Wolf auch nicht."

„Aber Fenja sagt oft solche Sachen", schniefte Benni.

„Stimmt ja gar nicht", brauste Fenja auf.

Sophia legte Benni einen Arm um die Schultern. „Du bekommst nachher einen Keks", sagte sie.

Er schaute sie mit großen Augen an. „Echt?"

„Echt", bestätigte Sophia und schaute zu Fenja. „Und du auch, wenn du aufhörst, Benni zu ärgern."

„Okay", sagte Fenja schnell.

Tim hatte der kleinen Auseinandersetzung kaum Beachtung geschenkt, sondern weiter zur Lichtung geschaut. Und jetzt hatte er plötzlich eine Idee. Er, der Älteste, hatte als Einziger immer ein Handy dabei, wenn die Pfifferlinge im Wald unterwegs waren. Seine Eltern hatten darauf bestanden. Sie wollten, dass er sie anrufen konnte, wenn mal irgendetwas sein sollte.

Tim benutzte das Handy nur ganz selten, während einige seiner Mitschüler damit in jeder freien Minute daddelten. Das Ding schien mit ihren Händen schon fast verwachsen zu sein.

Doch jetzt war Tim froh, dass er das Handy dabei hatte. Er zog es hervor.

„Wen willst du denn jetzt anrufen?", fragte Fenja überrascht.

„Niemanden", antwortete Tim und begann auf dem Display herumzudrücken. „Ich möchte Fotos machen!"

„Super Idee!", rief Fenja. „Aber beeil dich! Der Wolf ist bestimmt gleich wieder weg!"

Sie hatte recht: Das Tier hinkte auf den Rand der Lichtung zu. Gleich würde es vermutlich endgültig verschwunden sein.

„Oje, wo muss ich noch mal drücken, um zu fotografieren?", grübelte Tim, während er auf das Handy starrte.

„Schneller!", drängte Fenja.

„Ah, jetzt habe ich es!" Endlich gelang Tim das erste Foto von der Seite. Dann noch eins, als das Tier zu ihnen schaute. Nun zog es sich ins Dickicht zurück.

Doch nur kurz darauf tauchte es wieder auf und lief tiefer in den Wald hinein. Dabei entfernte es sich immer weiter von den Freunden.

Erst als sie ganz sicher waren, dass das Tier weit genug weg war, kletterten die Pfifferlinge von dem großen Baum. Unten kontrollierte Tim die Fotos und zeigte sie den anderen.

„Ist doch gar nicht so schlecht geworden", meinte er dabei.

„Stimmt", sagte Fenja. „Aber ist das nun ein Wolf oder ein Hund?"

„Keine Ahnung", gab Tim zu. Doch dann schnippte er mit den Fingern. „Na klar, wir zeigen die Fotos Papa. Der weiß das doch bestimmt!"

Sophia nickte. „Ja! Euer Papa ist schließlich Förster."

Tim schaute wieder auf das Handy – diesmal, um die Uhrzeit abzulesen. „Hm, noch zu früh. Jetzt arbeitet er noch", meinte er. „Aber um sechs Uhr ist Papa immer zu Hause."

„Okay, dann können wir ja noch was spielen!", rief Fenja. „Wie wäre es mit Verstecken bei unserer Hütte?"

Alle waren einverstanden. Sie flitzten zu ihrem Hauptquartier. Dort spendierte Sophia erst einmal jedem einen großen Keks.

„Was, nur einen?", fragte Benni enttäuscht.

„Ja, nur einen. Aber ich könnte im Wald noch etwas für dich zum Essen suchen", bot Sophia an.

Benni schüttelte heftig den Kopf. „Lieber nicht. Nachher schleppst du Fliegenpilze oder so etwas an."

„Stimmt, lass das mal lieber", meinte auch Tim.

„Quatsch! Ich kenne mich doch super mit Pilzen, Beeren und Kräutern aus", sagte Sophia. „Ihr würdet von mir nur Steinpilze und Pfifferlinge bekommen! Oder Walderdbeeren!"

„Pfifferlinge?" Tim lachte. „Uns kann man doch nicht essen!"

„Hunger oder nicht: Jetzt spielen wir Verstecken", meinte Benni und deutete auf Fenja. „Du musst suchen!"

„Wieso ich?"

„Weil du …" Benni überlegte einen Moment und putzte seine Brille. „Weil du vorhin geschummelt hast, als wir auf den Baum geklettert sind."

Fenja stützte die Hände in die Seiten. „Ich und schummeln? Nee, niemals!"

Doch es nützte nichts: Fenja wurde von den anderen dazu bestimmt, als Erste zu suchen. Nachdem sie noch eine Minute vor sich hin gebrummelt hatte, gab sie nach. „Na schön."

„Hehe, klappt doch!", freute sich Benni. „Du musst bis fünfzig zählen. Mindestens!"

„Das weiß ich!", sagte Fenja, während sie zur Tür der Hütte ging und sich dagegen lehnte. „Eins, zwei, drei …"

In ihrem Rücken sausten Tim, Benni und Sophia los, um ein möglichst gutes Versteck zu finden.

Nun war Fenja allein an der Hütte.

„Vier, zwölf, zwanzig …"

Tim verbarg sich hinter dem breiten Stamm einer anderen Eiche. Sophia kauerte nicht weit von ihm entfernt in einem dichten
Busch. Der schlaue Benni aber machte einen Bogen um die Hütte
und versteckte sich auf deren Rückseite. Mit klopfendem Herzen
schaute er um die Ecke.

„… einunddreißig, dreiundvierzig … ich komme!", rief Fenja und
drehte sich um.

Langsam ging sie los und spähte in alle Richtungen. Nach wenigen Schritten stoppte sie. Hatte sich da gerade etwas im
Gebüsch bewegt? War das einer der anderen Pfifferlinge
oder war das … dieser Hund oder Wolf?

Ein Schauer rieselte ihr über den Rücken. War das verletzte Tier vielleicht ausgehungert und auf der Suche nach Nahrung zu ihrer Hütte gekommen, angelockt vom Duft der Kekse? Hunde und Wölfe hatten sehr gute Nasen, wie Fenja wusste.

Sie bekämpfte das Angstgefühl und ging weiter.

Plötzlich hörte sie Schritte hinter sich und wirbelte herum.

Benni! Sie stürmte los, um vor ihm an der Tür zu sein. Doch sie kam einen Tick zu spät.

„Frei!", jubelte Benni. „Haha, ich habe mich freigeschlagen!"

Fenja seufzte. „Naja, dafür schnappe ich die anderen!"

Wieder lief sie los – und diesmal hatte sie mehr Erfolg. Zuerst erwischte sie ihren Bruder und dann auch Sophia.

So verbrachten die Pfifferlinge den ganzen Nachmittag. Um Viertel vor sechs gingen sie nach Hause.

Am Waldrand trennten sie sich.

„Ich bin ja so gespannt, was euer Papa sagt", meinte Benni zum Abschied.

„Ich auch!", rief Sophia.

„Wir erzählen es euch morgen in unserer Hütte", versprach Tim.

Dann lief er mit Fenja das kurze Stück zum Haus der Familie.

„Schau mal, im Carport steht Papas Auto!", meinte Fenja, als das Gebäude in Sichtweite war.

Tim nickte nur. Gleich würden sie wissen, ob das Tier nun ein Wolf war oder doch nur ein Hund …

Geschichten in der Kuschelhöhle

„Hallo, Papa!", riefen Fenja und Tim, als sie in die Küche stürmten.

„Hi!", rief Papa. Der Förster trank gerade Kaffee.

Unter dem Tisch ruhte Bob, ein Deutschdrahthaar, der den Förster bei seinen langen Streifzügen durch die Natur begleitete. Jetzt sprang er auf und kam schwanzwedelnd auf die Kinder zu.

„Wie war's heute?", fragte Tim seinen Papa, während er Bob liebevoll hinter den Ohren kraulte.

„Hm, ich bin heute mit einer Spraydose durchs Revier gestreift und habe Bäume markiert", sagte er.

„Was, du bist ein Sprayer?", grinste Tim.

Papa lachte. „Quatsch! Du weißt doch, dass ich mit der Spraydose Bäume kennzeichne. Nämlich die, die gefällt werden müssen. Natürlich habe ich auch nach Stellen Ausschau gehalten, wo neue Bäume angepflanzt werden sollen. Tja, und dann habe ich noch einen Spaziergänger zurechtgewiesen, der seinen Hund von der Leine gelassen hatte."

Das war genau das richtige Stichwort für Fenja. „Wir haben etwas total Spannendes entdeckt!", rief sie.

„Ja, etwas, was wir dir unbedingt zeigen müssen", ergänzte Tim.

In diesem Moment kam Tims und Fenjas Mama mit einer Sporttasche herein. Sie war Trainerin in einem Fitnessstudio.

„Guten Abend, ihr Lieben!", rief sie, ließ die Tasche fallen und goss sich ein Glas Orangensaft ein. „Puh, das war heute wieder ein knallhartes Programm. Sollen wir etwas essen? Ihr habt doch bestimmt auch alle Hunger, oder?"

„Ja, schon …", antwortete Tim. Doch sie konnten unmöglich bis nach dem Abendbrot warten, sie mussten die Fotos jetzt sofort Papa und Mama zeigen. Schnell kramte Tim das Handy aus der Hosentasche und hielt seinen Eltern die Bilder vor die Nasen.

„Ist das ein Hund oder ein Wolf?", platzte er heraus.

„Hm", machte Mama nur und zuckte mit den Schultern, doch Papa wirkte wie elektrisiert.

„Wo hast du die Fotos gemacht?", wollte er wissen.

„Im Wald, nicht weit von unserer Hütte", antwortete Tim. „Das Tier ist übrigens verletzt. Es hinkt. Aber sag schon: Ist das echt ein Wolf?"

Ihr Papa nahm das Handy, ließ sich damit auf einen Stuhl sinken und betrachtete aufmerksam das erste Foto.

„Das Tier ist größer als ein Schäferhund, es hat graues Fell, einen kräftigen Hals, einen großen Brustkorb und ist hochbeinig …", sagte er langsam.

„Jajaja, aber was heißt das denn nun?", fragte Fenja ungeduldig.

Ihr Papa ließ sich nicht aus dem Konzept bringen. In aller Ruhe schaute er sich das zweite Foto an. „Wow, hier blickt er direkt zu uns! Seine Ohren sind recht klein und abgerundet, die Augen gelblich und schräg stehend. Also, ich bin mir ganz sicher, dass das ein …"

Er legte eine kleine Kunstpause ein.

„Was?", fragten Fenja und Tim, die nun vor Neugier fast platzten.

„… ein Wolf ist! Er ist recht groß, daher handelt es sich vermutlich um einen Rüden. Eine Fähe, also ein weiblicher Wolf, wäre kleiner."

Tim und Fenja wechselten alarmierte Blicke.

„Puh, also doch ein Wolf!", meinte sie. „Wir haben es ja geahnt."

„Ach, ein Wolf ist ein ganz normales Raubtier, das einst vom Menschen vertrieben wurde und jetzt allmählich wieder zurück- kehrt", erklärte Papa.

„Also gibt es jetzt wieder überall Wölfe?", wollte Fenja wissen.

„Nein, nur einige wenige. In Deutschland leben derzeit bereits wieder etwa siebzig Rudel, Paare und einzelne Wölfe. Insgesamt sind es vielleicht fünfhundert Tiere", meinte ihr Papa.

Fenjas Aufregung wich einer leisen Furcht. „Sind jetzt die Reh- kitzen, Hasen und Kaninchen in unserem Wald in Gefahr?"

„Nicht mehr als durch einen streunenden Hund", erwiderte ihr Papa. „Aber auch ein Wolf muss jagen, um nicht zu verhungern – zum Beispiel Wildschweine und Schalenwild."

„Schalenwild? Was ist das denn?"

„Rehe oder Damwild", erklärte ihr Papa. „Meistens hat der Wolf es auf alte, schwache und kranke Tiere abgesehen."

„Und was ist mit Schafen und Lämmern?"

„Stimmt, die stehen auch auf seinem Speiseplan."

„Die armen …", murmelte Fenja.

Papa strich ihr über den Kopf. „Hör zu, man erzählt oft schlimme Dinge über Wölfe. Vieles ist jedoch übertrieben. Hinter manchem Angriff auf ein Lamm steckt in Wirklichkeit ein Hund. Man verteufelt die Wölfe schon seit Jahrhunderten und hätte sie fast ausgerottet. Zum Glück stehen sie heute unter Naturschutz."

Fenja spielte mit einer ihrer widerspenstigen Haarsträhnen. Wölfe unter Naturschutz? Hm …

„Nicht weit von unserer Stadt gibt es übrigens ein Wolfcenter. Da sollten wir mal gemeinsam hin. Dort könnt ihr euch super über Wölfe informieren und diese Tiere beobachten", ergänzte ihr Papa.

Fenja schüttelte den Kopf. „Ich weiß nicht …"

„Es wird sich lohnen. Wölfe sind so interessante Tiere. Wenn du willst, erzähle ich dir und Tim nachher noch mehr über sie, bevor ihr schlafen geht", bot ihr Papa an.

„Na gut", meinte Fenja. Da fiel ihr noch etwas anderes ein. „Greifen Wölfe eigentlich auch Menschen an?"

Papa schüttelte den Kopf: „Seit die Wölfe vor etwa fünfzig Jahren wieder in Deutschland aufgetaucht sind, hat es keinen einzigen Angriff von ihnen auf Menschen gegeben. Fähe und Rüde zeigen ihren Welpen, was ein Beutetier ist und was nicht. Der Mensch gehört nicht dazu. Trotzdem muss man auf der Hut sein, denn auch ein Wolf könnte Tollwut haben. Dann ist er unberechenbar."

Tim schluckte. „Auweia. Und das heißt?"

„Dass ihr vorerst nicht in den Wald dürft."

„Oh nein!", riefen Tim und Fenja im Chor.

„Oh doch!"

Die Geschwister protestierten, aber ihr Papa blieb hart. „Wir dürfen nicht das geringste Risiko eingehen. Auch der Waldkindergarten wird vermutlich so lange geschlossen bleiben, bis wir sicher sind, dass der Wolf weitergezogen ist", sagte er.

„Ich werde gleich morgen mit der Stadtverwaltung sprechen und die Naturschutzbehörden anrufen, damit sie die Bauern und Tierhalter informieren. Und ich werde Fotofallen aufstellen – vielleicht gelingen mir ja ein paar tolle Aufnahmen. Tja, und wenn der Wolf verletzt ist, könnte ein Tierarzt versuchen, ihn zu betäuben und anschließend zu heilen."

Tim nickte. „Ja, das ist eine gute Idee!"

Plötzlich wurde sein Papa sehr nachdenklich. „Wir können außerdem nur für den Wolf hoffen, dass er keinen Schaden anrichtet. Sonst wird er vielleicht selbst gejagt. Aber ich glaube wie gesagt nicht, dass dieser Wolf ein anderes Tier angreift. Er ist schließlich

verletzt und wird vermutlich mit Aas und Beeren Vorlieb nehmen müssen."

Tim und Fenja waren hin- und hergerissen. Sie hatten Mitleid mit dem verletzten Tier. Auf der anderen Seite ging von ihm vielleicht Gefahr aus. Tollwut …

Außerdem durften die Pfifferlinge vorerst nicht in den Wald und in ihre tolle Hütte!

Nach dem gemeinsamen Abendessen flitzten Fenja und Tim in ihre Zimmer, um in die Schlafanzüge zu schlüpfen.

Fenjas Pyjama lag wie üblich irgendwo unter der Bettdecke. Sie hatte ein Hochbett. Natürlich ohne Leiter. Fenja zog sich an einem Seil hinauf und fand den Schlafanzug. Dann ging sie ins Badezimmer, wo Tim schon war. Sie begannen ihre Zähne zu putzen.

Da streckten Mama und Papa ihre Köpfe durch die Tür. „Na, schon fertig? Es wird Zeit für die Heia!"

„Wie bitte?", protestierte Tim. „Ich bin doch kein Baby mehr wie Fenja, die um acht Uhr ins Bett muss."

„Ich bin auch kein Baby!", fauchte Fenja.

„Aber du benimmst dich oft so", lachte Tim, um sie ein wenig zu ärgern.

Sie knuffte ihn in die Seite. „Du bist ja so gemein!"

„Stopp", bremste ihr Papa sie. „Ich dachte, ihr wollt noch mehr über Wölfe hören?"

„Na klar!", riefen Fenja und Tim.

Kurz darauf saßen die beiden mit Mama und Papa in Tims Schlafhöhle. Über seine Matratze hatte er ein Moskitonetz gehängt. Auf der Matratze lagen etwa ein Dutzend Kissen und mehrere kuschelige Decken. Man konnte sich regelrecht hineinwühlen – herrlich!

Zu viert war es eng, aber super gemütlich. Vor der Matratze lag Bob, die Schnauze auf die Vorderpfoten gelegt. Es sah aus, als höre er zu, sobald der Förster zu erzählen begann.

„Ich mag Wölfe, weil sie so sozial sind", sagte er. „Stellt euch vor: Wenn die Welpen etwa acht Wochen alt sind, werden sie von der Fähe vom Bau zum Rendezvousplatz getragen und …"

„Mensch Papa!", unterbrach ihn Fenja. „Ich verstehe kein Wort!"

„Okay, okay", lachte Papa. „Der Rendezvousplatz ist das oberirdische Versteck der Wölfe. Dorthin bringen Fähe und Rüde, also die Eltern, die kleinen Wölfe, während sie auf die Jagd gehen. Solange passen die Jährlinge auf ihre jüngeren Geschwister auf – wie Babysitter."

„Das kommt mir irgendwie bekannt vor …", murmelte Tim.

„Wieso?", brauste Fenja auf.

Ihr Papa wechselte lieber das Thema. „Wölfe sind echt interessant. Habt ihr gewusst, dass sie

ungefähr doppelt so gut hören wie wir Menschen?" Er deutete auf seine Augen. „Oder dass sie im Dunkeln viel besser sehen als wir? Und ihre Nasen sind auch besonders fein: Wölfe wittern Beutetiere selbst dann, wenn diese noch zwei Kilometer weit entfernt sind."

„Nicht schlecht", meinte Tim.

„Allerdings", sagte sein Papa. „Außerdem sind Wölfe echt sportlich, wenn ihr so wollt: Sie legen am Tag bis zu achtzig Kilometer zurück, sind gute Schwimmer und schaffen im Sprint über Tempo fünfzig!"

Fenja und Tim waren beeindruckt.

Papa war mal wieder nicht zu bremsen. Er erzählte und erzählte. Schließlich wurde Fenja wirklich müde. Mama trug sie in ihr Hochbett, während Tim noch eine halbe Stunde lesen durfte.

Fenja schaute zur Decke und blickte in einen Sternenhimmel. Ihre Mama hatte einen Ast mit ganz vielen Zweigen über dem Bett befestigt. Das war ein Geschenk zu ihrem sechsten Geburtstag gewesen. In den Ästen funkelten viele kleine Lämpchen wie die, die an einem Weihnachtsbaum hingen. Das Licht konnte man dimmen, sodass es Fenja nicht beim Einschlafen störte.

Versonnen dachte sie darüber nach, was Papa gerade alles erzählt hatte. Dabei fiel Fenja der Wolf in ihrem Wald ein.

Wie es dem jetzt wohl gerade geht? Er ist einsam und verletzt … Ob er wohl Hunger hat? Oder Schmerzen?

Der Arme … Der Wolf tat Fenja plötzlich sehr leid.

Und was geschah morgen? Würde man den Wolf etwa … jagen? Auf ihn schießen? Diese Gedanken machten Fenja ganz traurig. Heute dauerte es länger als sonst, bis ihr die Augen endlich zufielen.

Zwei böse Jungs

Am nächsten Morgen saßen Tim und Fenja mit ihrer Mama am Frühstückstisch bei Müsli, Orangensaft und Vollkornbrot. Ihr Papa war schon mit Bob im Wald und suchte nach dem Wolf.

„Papa hat schon ganz früh rumtelefoniert. Die Stadtverwaltung hat entschieden, dass der Waldkindergarten vorerst geschlossen bleibt. Eure Dachse-Gruppe ist also heute nicht im Wald", erzählte Mama und rührte in ihrem Kaffee. „Fenja, du gehst heute in den normalen Kindergarten."

Fenjas Gesicht verdüsterte sich wie eine Gewitterwolke. „Da kann man nicht so gut spielen wie im Wald."

„Ach, das ist sicher nur für ein paar Tage. Dann könnt ihr wieder in den Waldkindergarten und natürlich auch in eure Hütte", versuchte Mama sie zu trösten.

So schlimm wurde es dann doch nicht für Fenja. Benni und Sophia waren schließlich heute auch im normalen Kindergarten.

Gemeinsam bauten sie eine riesige Burg aus Lego. Benni konstruierte eine Zugbrücke, die man aufklappen konnte.

Dabei sprachen die drei Pfifferlinge natürlich die ganze Zeit über den Wolf.

„Papa hat gleich erkannt, dass es wirklich einer ist", berichtete Fenja.

„Und er hat auch gesagt, dass Wölfe eigentlich nie Menschen angreifen."

„Hm", machte Sophia. „Trotzdem ist unser Waldkindergarten geschlossen. Außerdem darf ich vorerst nicht mehr in unsere Hütte."

„Ich auch nicht", sagte Benni und rückte seine Brille gerade. „Mein Papa hat es mir verboten."

„Tja, bei uns sieht es nicht anders aus", stöhnte Fenja. „Total übertrieben!"

Zur Mittagszeit hockte Fenja mit Tim und ihren Eltern in der Küche. Es gab einen großen Topf mit Spaghetti!

„Ich habe keine Spur des Wolfes entdecken können. Aber ein Spaziergänger hat ihn angeblich heute Vormittag gesehen", erzählte ihr Papa. Seine Stimme klang ärgerlich. „Und dieser Herr hat sich total wichtig gemacht. Er hat einen Radiosender informiert und ein Interview gegeben. Der Sender hat ausführlich und sehr reißerisch berichtet. Der Wolf als böse Bestie ... Aber kein Wort darüber, dass das Tier verletzt ist und dass von ihm eigentlich keine Gefahr ausgeht."

Nachdem Tim die Hausaufgaben erledigt hatte, lief er mit Fenja zum nahen Wasserspielplatz. Dort waren sie mit Benni und Sophia verabredet – ihre schöne Hütte im Wald war ja leider vorübergehend tabu.

Als die Geschwister um eine Ecke bogen, sahen sie zwei Jungen: Dustin und Rollo, dessen Vater Hobbyjäger war. Rollos Vater lief gern mit einem Gewehr durch den Wald – ganz im Gegensatz zum Papa von Fenja und Tim, der Waffen nicht leiden konnte und daher zwar Förster, aber kein Jäger war.

Dustin und Rollo lungerten mit ihren Handys an einem Strom-
kasten und starrten gebannt auf die Displays.

Doch jetzt bemerkten die Jungen die beiden Pfifferlinge und
machten einen Schritt auf den schmalen Weg, sodass Fenja und
Tim nicht an ihnen vorbeikamen.

„Och nö, die haben uns gerade noch gefehlt", sagte Fenja.

„Psst", mahnte Tim. „Ich will keinen Streit."

„Ah, das ist doch Tim, der doofe Waldschrat, der immer mit seiner kleinen Schwester und den anderen beiden Zwergen spielt",
rief Rollo zur Begrüßung.

Tim antwortete nicht, sondern wartete erst einmal ab. Er hatte auch viele andere Freunde in seinem Alter, zum Beispiel in seiner Klasse und seiner Fußballmannschaft. Doch wenn es um aufregende Abenteuer im Wald ging, waren Fenja, Benni und Sophia die besten Gefährten. Rollo hatte einfach keine Ahnung.

„Genau", mischte sich jetzt auch Dustin ein. Er war ziemlich dick und hatte eine riesige Zahnlücke. Jetzt schob er einen Finger in seine knubbelige Nase und bohrte darin herum. „Die hängen in so einer gammeligen Hütte rum. Wie bekloppt, wie langweilig!"

Rollo tat so, als müsse er scharf nachdenken. „Hm, wie nennt ihr noch mal eure komische Bande?" Plötzlich schnippte er mit den Fingern. „Die Fliegenpilze, oder?"

Dustin lachte. „Haha, das war echt lustig."

„Oder Stinkmorcheln!", setzte Rollo noch einen drauf.

Sein Kumpel zog den Finger aus der Nase und schlug sich auf die Schenkel. „Hör auf, Rollo, ich platze gleich."

Fenja trat aus Tims Schatten hervor: „Wir sind die Pfifferlinge, damit das mal klar ist!", rief sie, bevor Tim sie stoppen konnte. „Und du, Dustin, platzt sowieso bald."

Der Junge hörte auf zu lachen. „Hä, wieso denn das?"

„Weil du so fürchterlich ..."

„Psst", machte Tim noch einmal, jedoch wesentlich eindringlicher.

... dick bist, führte Fenja den Satz zu Ende, glücklicherweise jedoch nur in Gedanken.

„Ich glaube, die kleine Stinkmorchel wollte dich beleidigen, Dustin", hetzte Rollo ihn auf.

„Echt?" Dustins Gesicht wurde rot vor Wut. Er war nicht allzu helle, aber sehr kräftig. Nun ballte er die Fäuste und machte einen Schritt auf Fenja zu. Sie wich zurück.

Sofort stellte sich Tim vor sie.

In diesem Moment tippelte eine alte kleine Frau mit ihrem Pinscher heran. Bei der elegant gekleideten Dame handelte es um Theresa Victoria von Schmidt-Blankenburg, die in der Nachbarschaft von Fenja und Tim wohnte. Gerne lud sie

die Geschwister in ihren Garten ein und erzählte spannende Geschichten aus der Zeit, als sie noch Ausgrabungen in Ägypten geleitet hatte. Sie war nämlich Archäologin und hatte die halbe Welt bereist. Tim und Fenja nannten sie Oma Vicky, auch wenn sie gar nicht ihre Großmutter war.

Ihr winziger Hund hörte auf den Namen Ramses.

Nun warf Oma Vicky einen strengen Blick auf Dustin.

„Du willst doch nicht etwa dem Mädchen etwas tun?", fragte sie.

Dustin schwieg.

„Lass bloß Fenja in Ruhe", sagte die alte Dame und fuchtelte mit ihrem dürren Zeigefinger vor Dustins Nase herum.

Nun war es der Junge, der zurückwich. „Ne, ja – äh, ist klar."

„Das will dich dir auch geraten haben, du Lümmel!", sagte Oma Vicky. „Und jetzt: Weg mit euch!"

Dustin machte noch ein paar Schritte zurück und Rollo folgte ihm.

„Danke!", sagten Tim und Fenja zu ihrer Nachbarin.

„Immer gerne", erwiderte sie freundlich. „Und kommt doch mal wieder auf ein Glas Limo vorbei. Dann erzähl ich euch, wie ich eine alte Mumie ausgegraben habe."

„Machen wir!", versprachen die Geschwister.

Oma Vicky winkte noch einmal und ging mit ihrem Pinscher Ramses weiter.

Tim und Fenja drückten sich an Rollo und Dustin vorbei.

„Wir sehen uns noch. Und euer blödes Versteck finden wir auch. Dann machen wir es platt!", rief Rollo ihnen nach.

Tim winkte nur ab und zog seine Schwester in Richtung Spielplatz.

„Hoffentlich finden Rollo und dieser Popelheini Dustin nie unsere schöne Hütte", meinte Fenja niedergeschlagen.

„Die sind doch nur neidisch", sagte Tim. „Wir müssen immer gut aufpassen, dass die beiden uns nicht nachschleichen und die Hütte entdecken."

Dann hatten er und Fenja den Spielplatz erreicht. An der Schaukel warteten bereits ihre Freunde Benni und Sophia. Auch drei Mütter mit Kinderwagen waren da. Sie saßen zusammen und unterhielten sich, während ihre Kleinen in einer Sandkiste spielten.

Tim und Fenja berichteten von ihrer unangenehmen Begegnung mit Rollo und Dustin.

„Die haben uns Stinkmorcheln genannt!", beschwerte sich Fenja.

„Oh, die sind aber doof!", rief Benni.

„Allerdings", pflichtete Tim ihm bei. „Aber dann kam Oma Vicky und hat uns gerettet."

Sophia nickte ernst. „Ein Glück! Doch ich habe leider ganz schlechte Neuigkeiten …"

Die Drohung

Die anderen blickten sie fragend an.

„Meine Mama hat erzählt, dass eine Schafherde angegriffen wurde! Ganz in der Nähe von unserem Wald", stieß Sophia aufgeregt hervor.

„Doch nicht etwa von dem Wolf?", fragte Tim besorgt.

Sophia zuckte mit den Schultern. „Der Schäfer glaubt, dass es ein Wolf war. Sein Hund konnte ihn vertreiben und es ist nichts passiert. Dennoch fordert der Schäfer, dass der Wolf gejagt wird."

Tim blies die Backen auf. „Gibt es denn Beweise, dass es wirklich ein Wolf war und nicht irgendein herumstreunender Hund? Fotos zum Beispiel. Oder hat der Schäfer vielleicht etwas mit dem Handy gefilmt?"

„Nein." Sophia schüttelte den Kopf, dass ihre Zöpfe flogen. „Aber er hat im Radio von unserem Wolf gehört und besteht darauf, dass es der war."

Nachdenklich setzte sich Fenja auf eine der Schaukeln. „Der Wolf ist verletzt. Der ist doch gar nicht in der Lage, die Herde anzugreifen. Der Arme! Hoffentlich schießt man jetzt nicht auf ihn."

„Wölfe stehen unter Naturschutz, hat Papa gesagt. Das dürfen die Jäger nicht so einfach", sagte Tim beruhigend.

„Und wenn ihnen das egal ist?", erwiderte Fenja.

Darauf wusste Tim nichts zu antworten.

„Lasst uns etwas spielen", schlug Benni vor.

„Nur was?", meinte Sophia. Sie wirkte niedergeschlagen. „Ich will eigentlich viel lieber in den Wald!" Plötzlich strahlte sie. „Ich könnte uns was Leckeres zu essen machen. Da vorn sind ganz viele Brennnesseln. Habt ihr schon mal einen Brennnesselsalat gegessen?"

Bennis Augen hinter der Brille weiteten sich. „Lieber nicht!"

„Ne, mag ich auch nicht", meinte Fenja und deutete zu dem kleinen künstlichen Hügel mit der Pumpe, der in der Mitte des Wasserspielplatzes errichtet worden war. „Wer als Erster oben ist!"

„Okay!", meinte Tim. „Eins ..."

„Drei!", rief Fenja und sauste los.

„Das gilt nicht!", brüllte Tim ihr nach.

„Doch, na klar, du bist nur wieder zu langsam!", lachte Fenja, während sie den Hügel hinaufstürmte.

Natürlich war sie die Erste, die an der Pumpe anschlug.

„Das ist unfair", meinte Tim, als er kurz nach ihr mit Sophia und Benni dort ankam. „Immer musst du schummeln!"

„Blabla-blubber-blu", sang Fenja lachend.

„Wir sollten uns nicht zoffen, sondern etwas gemeinsam bauen", schlug Sophia vor und pumpte Wasser in ein Bassin, das vorn eine Klappe hatte, die man hochziehen konnte.

„Jetzt geht's los!", freute sie sich, als sie das kleine Schleusentor öffnete. Das Wasser strömte in eine Steinrinne, floss den Hügel hinunter und mündete unten in eine Sandkiste.

Die Pfifferlinge sausten dorthin.

„Wir brauchen Kanäle, Brücken und Häfen!", rief Benni.

Schon legten sie los. Tim pumpte von oben Wasser nach, die anderen drei bauten unter Bennis Anleitung ein weitverzweigtes Kanalnetz in die Sandkiste. Als auch die letzte Brücke errichtet worden war, spielten die Freunde noch ein paar Runden Fangen.

Schließlich ließ sich Benni auf eine Bank fallen und schnaufte: „Ich kann nicht mehr. Außerdem habe ich tierischen Hunger. Ach, jetzt hätte ich gerne einen von deinen Keksen, Sophia."

Sie setzte sich neben ihn. „Kann es sein, dass du irgendwie immer Hunger hast?"

„Ja, wie Dustin", lachte Fenja. „Der sieht jedenfalls so aus!"

„Wenn man vom Teufel spricht", meinte Tim gedämpft. „Schaut mal, wer da schon wieder kommt …"

Rollo und Dustin stromerten heran, die Hände in den Hosentaschen, die sich dort ausbeulten, wo ihre großen Handys waren.

Benni verbarg sich rasch hinter Tim, der über einen Kopf größer war als er.

„Mann, hier riecht es komisch. Als ob Stinkmorcheln in der Nähe wären", meinte Rollo, als er mit Dustin die Pfifferlinge erreicht hatte. Er rümpfte übertrieben die Nase.

„Haha, der war schon wieder richtig gut!", freute sich Dustin und schob einen Finger ins Nasenloch.

„Gibt es da oben irgendetwas Interessantes?", fragte Tim grinsend. Immerhin waren die Pfifferlinge jetzt zu viert. Daher konnte er sich ein wenig mehr erlauben, zumal auch noch die jungen Mütter mit ihren Kindern in der Nähe waren.

„Hä? Wo denn?", fragte Dustin verständnislos.

„Na, da oben, wo andere Leute ein Gehirn haben." Tim deutete auf seine Stirn. „Du bist ja mit deinem Finger schon fast dort. Hast du etwas gefunden – sag schon!"

„Hä?", machte Dustin noch einmal. Doch dann begriff er und zog den Finger rasch aus der Nase. „Da hat es gejuckt", meinte er.

„Klar, da juckt es bei dir wohl öfter", lachte Fenja. „Du alter Popelheini!"

„Wie hast du mich genannt, Zwerg?", polterte Dustin und machte einen Schritt auf sie zu.

Doch Rollo hielt ihn zurück, nachdem er einen raschen Blick zu den drei Müttern geworfen hatte. „Hier sind zu viele Leute", warnte er seinen Kumpel. „Das könnte Ärger geben."

Dann sagte er zu Tim: „Ihr habt echt Glück, dass immer irgendwelche Erwachsenen da sind. Sonst hätten wir euch schon zu Mus verarbeitet. Am besten verkrümelt ihr euch jetzt in euren Wald und esst Moos und Wurzeln."

„Nein, wir bleiben hier", erwiderte Tim fest.

Rollo überlegte einen Moment. „Ist euch wohl zu gefährlich, was?", fragte er lauernd.

Tim verschränkte die Arme vor der Brust. Offenbar hatte Rollo auch schon von dem Wolf gehört.

Prompt kam die Bestätigung. „Die Stinkmorcheln und der böse Wolf!", platzte Rollo heraus. Als er sich ein wenig beruhigt hatte, ergänzte er: „Das Mistvieh macht die ganze Gegend unsicher. Jetzt hat es sogar versucht, Schafe zu töten."

„Das ist kein Mistvieh. Und der Wolf ist auch nicht böse", rief Fenja wütend.

Rollo machte eine wegwerfende Handbewegung. „Was weißt denn du schon, Zwerg? Aber lange wird es diese Bestie nicht mehr geben."

Tims Nackenhaare stellten sich auf. „Wieso?"

„Mein Papa schießt ihn ab!", sagte Rollo mit einem breiten Grinsen.

Fenja schrie: „Das darf er nicht!" „Doch! Er ist Jäger!", konterte Rollo.

„Nein, denn Wölfe stehen unter Naturschutz!", rief Tim.

Wieder machte Rollo eine wegwerfende Handbewegung. „Und wenn schon ... wen kümmert das? Und jetzt wird mir hier die Luft zu schlecht. Diese Stinkmorcheln – puh! Lass uns eine Runde daddeln, Dustin."

„Klar, bin dabei", meinte sein Freund.

Dann wandten sich die beiden ab und spazierten vom Spielplatz.

Entsetzt blieben die Pfifferlinge zurück.

„Der darf den Wolf nicht ... abschießen", schluchzte Fenja. „Was sollen wir denn jetzt nur tun?"

Die Spur

„Hast du den Wolf gesehen?", wollten Tim und Fenja wissen, als ihr Papa mit Bob am frühen Abend von der Arbeit kam.

„Nein", antwortete der Förster. „Aber die Tiere sind nun einmal sehr schlau, vorsichtig und scheu."

„Zum Glück sind sie das", sagte Fenja. „Rollo hat nämlich behauptet, dass sein Vater den Wolf erschießt … Das darf der aber doch gar nicht, oder?"

„Nein", sagte ihr Papa, während er in die Küche ging und seiner Frau einen Kuss gab. Sie hatte schon einen Trainingsanzug an, weil sie heute Abend noch einen Zumba-Kurs gab.

„So einfach geht das nicht", ergänzte der Förster. „Nur wenn ein Wolf einen Mensch angreift, darf er gejagt werden. In einigen Ausnahmefällen gilt das auch dann, wenn der Wolf Schafe oder andere Nutztiere reißt."

„Was ist mit der Schafherde? Weißt du, ob es wirklich der Wolf war, der sie angegriffen hat?", fragte Tim.

„Ich habe davon gehört", antwortete sein Papa. „Zwar ist sich der Schäfer ganz sicher, aber ich bezweifle, dass er einen Hund von einem Wolf unterscheiden kann. Außerdem hat er wichtiges Detail nicht erwähnt ..."

Tim runzelte die Stirn. „Welches?"

„Ihr habt berichtet, dass der Wolf hinkt", erwiderte sein Papa. „Aber davon hat der Schäfer nichts gesagt. Entweder gibt es zwei Wölfe in unserem Wald, was sehr unwahrscheinlich ist, oder der Schäfer hat sich geirrt und es war doch ein Hund. Es gibt jedenfalls keinen Grund, den Wolf zu jagen."

„Hoffentlich hält sich Rollos Vater auch daran", meinte Tim bedrückt.

„Das sollte er. Wenn nicht, macht er sich strafbar", stellte sein Papa klar.

Am nächsten Vormittag blieb der Waldkindergarten geschlossen, auch wenn niemand mehr den Wolf gesehen hatte. Fenja ging also wieder mit den anderen aus der Waldkindergartengruppe in der normalen Kindergarten.

Es war wirklich kein Vergleich zum Wald. Fenja fühlte sich regelrecht eingesperrt. Sie vermisste die vielfältigen Gerüche, das Zwitschern der Vögel oder das Gluckern des Bachs. Wie Fenja es liebte, hoch oben im Ausguck ihrer Hütte zu sitzen und in den Wald zu schauen! Überall war Leben, überall bewegte sich etwas. Man musste sich nur ganz still verhalten, dann sah man die wundervollsten Dinge – den Tanz von Schmetterlingen auf einer Lichtung zum Beispiel.

Tja, aber jetzt musste sie sich gedulden. Dummerweise war Geduld nicht gerade Fenjas Stärke.

Beim Mittagessen daheim sprachen sie wieder über den Wolf.

„Im Supermarkt habe ich ein paar Nachbarinnen getroffen", erzählte Mama. „Bei denen herrscht schon fast Panik wegen dem Tier. Nur Frau von Schmidt-Blankenburg ist gelassen."

„Oma Vicky ist ja auch cool", meinte Fenja.

„Ja, aber die anderen … auweia! Die klingen, als sei gerade eine ganze Horde T. Rex im Wald unterwegs und kurz davor, unsere Stadt zu stürmen", sagte ihre Mama und seufzte. „Die lassen ihre Kinder zum Teil schon gar nicht mehr aus den Häusern und bringen sie nur noch mit dem Auto zur Schule!"

„Sicher, mit einem Wolf ist nicht zu spaßen, aber die Sache schaukelt sich immer weiter hoch, jeder will etwas gesehen oder gehört haben", ärgerte sich Papa.

„Hast du deine Fotofallen schon kontrolliert?", fragte Tim.

„Na klar. Leider ebenfalls Fehlanzeige. Ich frage mich, ob der Wolf wirklich noch in der Gegend ist. Schließlich legen diese Tiere weite Strecken zurück, und auch wenn unser Wolf verletzt ist, so wird er einige Kilometer schaffen."

Nach dem Essen machte Tim in neuer Rekordzeit seine Hausaufgaben. Er hatte es besonders eilig, weil er zum Fußballtraining wollte. Dort traf er auch seine Freunde, die mit ihm in einer Mannschaft kickten.

Heute war Tim richtig gut drauf. Beim abschließenden Trainingsspielchen schoss er drei Tore! Das hatte er noch nie geschafft. Seine Kumpel feierten ihn.

„Nicht schlecht", lobte auch sein Trainer, klopfte Tim auf die Schulter und versprach: „Beim nächsten Spiel am Sonntag gegen den SV bist du von Anfang an dabei – im Sturmzentrum."

„Yes!", jubelte Tim. Schließlich spielte er am liebsten auf dieser Position. Er war total glücklich. Für einen Moment hatte er sogar den Wolf vergessen.

Dann radelte er nach Hause. Ein Blick zum Himmel verriet ihm, dass es vermutlich bald regnen würde. Tim trat noch etwas schneller in die Pedale.

Eine Stunde später goss es wie aus Kübeln. Tim saß mit den anderen Pfifferlingen zu Hause in der Küche. Seine Mama hantierte mit dem Waffeleisen. Die Pfifferlinge liebten ihre Waffeln. Sie waren definitiv die besten der Welt. Schon zog ein verführerischer Duft durch die Küche.

„Und jeder bekommt zwei Kugeln Vanilleeis dazu!", kündigte sie an.

„Perfekt!", freuten sich die Pfifferlinge.

Nicht nur das: Auf jede Eiskugel drückte die beste Waffelbäckerin der Welt auch noch eine dunkelrote, süße Kirsche.

Sogar Benni wurde satt – zumindest vorübergehend.

„Und was machen wir jetzt?", fragte er.

„Hm, bei dem blöden Wetter können wir doch nur drinnen was spielen. Zum Beispiel Uno", schlug Sophia vor.

„Ne, das ist öde. Ich will raus!", nölte Fenja. „Es ist doch egal, wenn's regnet. Im Waldkindergarten sind wir auch bei jedem Wind und Wetter draußen – sogar im Winter."

„Es regnet aber gerade nicht, Fenja, es *schüttet*. Wartet doch noch ein wenig", bat ihre Mama.

„Na gut", meinte Fenja und zog eine Schnute.

Tim holte das Kartenspiel, und sie legten los.

Fenjas Laune wurde noch schlechter, als sie auch noch die ersten drei Runden beim Uno verlor.

Zu ihrem Glück ließ der Regen bald nach, die Sonne schickte ein paar erste schüchterne Strahlen durchs graue Wolkendach. Prompt stürmten die Pfifferlinge nach draußen.

„Aber geht nicht in den Wald", mahnte ihre Mama noch, aber das hörten die vier schon gar nicht mehr.

„Auf zum Spielplatz!", rief Benni und flitzte los. „Heute bauen wir noch mehr und noch größere Brücken über unsere Kanäle."

Auf dem Wasserspielplatz war heute jedoch besonders viel los. Mehrere Kleinkinder hockten in der Sandkiste oder bedienten die Pumpe auf dem Hügel.

Auch Rollo und Dustin waren da. Sie lungerten auf einer Bank herum und waren wie üblich mit ihren Handys beschäftigt. Als sie die Pfifferlinge entdeckten, deutete Rollo auf sie

und hielt sich die Nase zu. Er tat so, als würde er gleich in Ohn-macht fallen.

„Oh, Stinkmorchel-Alarm", stöhnte er und verdrehte die Augen.

Dustin lachte laut.

„Die sind so bekloppt!", zischte Fenja.

„Genau", sagte Tim. „Und deshalb hörst du am besten gar nicht hin."

Nun ließ sich Rollo theatralisch von der Bank sinken.

„Ich ste-her-be …"

Sein Kumpel lachte noch lauter.

„Hier will ich nicht bleiben. Es ist viel zu voll", sagte Fenja und deutete auf Rollo und Dustin: „Außerdem sind diese beiden Oberdummdödelheinis da!"

„Wie bitte, was du gesagt, Zwerg?" Dustin stand auf und zog Rollo auf die Beine.

„Abflug!", kommandierte Tim.

Schon sausten die Pfifferlinge weg.

Im Rennen rief Tim seiner Schwester zu: „Kannst du nicht ein Mal den Schnabel halten?"

„Nö!", erwiderte sie. „Und ich sag dir was: Das war doch richtig lustig!"

„Ja", stimmte Sophia ihr zu.

„Genau", meinte auch Benni. „Die haben schließlich angefangen!"

Da musste Tim lächeln. Klar, die anderen drei Pfifferlinge waren um einiges jünger als er. Aber in manchen Momenten waren sie mindestens genauso cool wie viele Kinder in seinem Alter – wenn nicht sogar noch cooler und mutiger.

Außer Atem gelangten sie schließlich zu einem Weg, der am Waldrand entlang führte.

Was für ein Anblick! An den Zweigen und Ästen glitzerten Regentropfen. Dampf stieg zwischen den feucht glänzenden Stämmen auf und tauchte den Wald in einen geheimnisvollen Nebel, der sich dort, wo die Sonne allmählich die Oberhand gewann, langsam verflüchtigte. Ein satter Geruch lag in der Luft, würzig und erdig.

Die Vögel hatten wieder ein Konzert angestimmt, das viel abwechslungsreicher war als das monotone Trommeln des Regens vor einer Viertelstunde.

„Sollen wir?" Fenja zeigte auf einen holprigen Pfad, der zwischen armdicken Wurzeln in den Wald hineinführte.

„Nein!", entschied Tim. „Mama und Papa haben es verboten."

„Dieses Verbot ist doch mega-doof", maulte Fenja.

Darauf wusste Tim nichts zu antworten. Eigentlich hatte seine Schwester recht. Aber er war nun einmal der Älteste bei den Pfifferlingen, also erwartete man garantiert von ihm, dass er auch der Vernünftigste war.

„Wir könnten Fangen spielen", schlug er vor. „Hier auf dem Weg."

Benni war dagegen. „Nö, ich bin gerade schon genug gerannt."

Da niemand einen neuen Vorschlag machte, schlenderten sie ziellos am Waldrand entlang.

Ein Radfahrer schoss klingelnd an ihnen vorbei, dann kam ein junger Mann, der seinen Hund an der Leine führte.

Plötzlich hielt Benni inne. „Guckt mal", stieß er hervor und ging in die Knie.

„Was hast du denn?", fragte Sophia neugierig und hockte sich mit Tim und Fenja neben ihn.

Benni deutete auf einen Abdruck im weichen Waldboden direkt neben dem Weg.

„Das ... das könnte die Spur eines Wolfes sein", meinte er aufgeregt. Er putzte seine Brille und ergänzte: „Seht: Hier sieht man die vier Zehen und den Handtellerballen, der so aussieht wie ein Herz, das auf dem Kopf steht. Und hier sind auch die vier Krallen zu erkennen."

„Hm, aber die Spur könnte doch auch von einem Hund stammen, oder?", meinte Tim.

HUND

WOLF

Heftig schüttelte Benni den Kopf. „Ne, guckt mal genauer hin." Er deutete jetzt auf eine der Zehen. „Es sieht doch so aus, als habe der Zeh zwei Krallen, oder?"

Die anderen Pfifferlinge nickten.

„Genau, und das bedeutet, dass wir es vermutlich mit einem Wolf zu tun haben", sagte Benni.

Fenjas Gesicht war ein einziges Fragezeichen. „Wieso?"

„Ein Wolf hat nur *eine* Kralle an jedem Zeh. Wenn er läuft, setzt er aber die Hinterpfoten genau in die Abdrücke der Vorderpfoten, um Kraft zu sparen. Dabei entsteht der doppelte Krallenabdruck!", erklärte Benni mit rot glühenden Wangen. Jetzt war er ganz in seinem Element.

Doch plötzlich bekam seine Stimme einen ängstlichen Klang. „Vielleicht ist der Wolf ganz in der Nähe. Womöglich beobachtet er uns", wisperte er.

„Ach was", meinte Tim beruhigend. „Papa hat gesagt, dass Wölfe sehr vorsichtig sind und einen großen Bogen um Menschen machen. Der Wolf hat Angst vor Menschen und wird uns nichts tun."

„Aber vielleicht hat er gerade besonders großen Hunger", flüsterte Benni.

„Wie du, was?", sagte Fenja und lachte. „Hunger und Angst."

Benni schluckte. „Ich und Angst? Niemals! Du bist gemein!"

„Hört schon auf", funkte Sophia dazwischen. „Wir sind die Pfifferlinge! Und Pfifferlinge stehen und halten immer zusammen."

„Stimmt", sagte Fenja und knuffte Benni freundschaftlich in die Seite. Er lächelte schwach.

Dann deutete Fenja in den Wald. „Die Spur führt dort entlang."

Tim schaute sie argwöhnisch an. „Was hast du vor?"

„Ich will der Spur folgen. Der Wolf ist schließlich verletzt und braucht womöglich Hilfe."

„Lieber nicht", rief Benni sofort. „Viel zu gefährlich!"

„Wieso? Auch Tim hat gerade gesagt, dass der Wolf uns bestimmt nichts tun wird!", beharrte Fenja.

Doch Benni ließ sich nicht so einfach überzeugen.

„Hm, wenn wir der Spur wirklich folgen, dann brauchen wir aber gerade dich, Benni. Denn du kannst am besten Fährten lesen", sagte Sophia.

Benni wirkte geschmeichelt. Aber seine Angst schmälerte das nicht besonders. Er schaute zu Tim. „Was meinst denn du?"

Auch Sophia und Fenja blickten ihn erwartungsvoll an. So, als würden sie auf ein bestimmtes Kommando von ihm, dem Ältesten, warten.

Tim rang mit sich. Was sollte er jetzt tun?

Unheimliche Geräusche

„Komm schon, stell dich nicht so an", drängte Fenja, „Wir sind auch ganz vorsichtig."

„Na gut", sagte Tim schließlich, auch wenn ihm nicht ganz wohl bei der Sache war. Aber es ging schließlich darum, einem verletzten Tier zu helfen.

Er schaute zu Benni. „Kommst du mit? Nur ein kleines Stück?"

Benni biss nervös auf seiner Unterlippe herum. Dann gab er sich einen Ruck. „Wenn ihr mich so dringend braucht …"

„Ganz genau", sagte Sophia.

Schon schlüpften die Pfifferlinge vom Weg in den Wald.

Benni, der seinen ganzen Mut zusammengenommen hatte, ging voran. Immer wieder beugte er sich dicht über den Boden.

„Ha, da sind die Abdrücke wieder", rief er ein ums andere Mal.

Die Freunde waren so in die Spurensuche vertieft, dass sie gar nicht bemerkten, wie sie sich immer weiter vom Weg am Waldrand entfernten.

Bennis Angst war inzwischen komplett verflogen. Er genoss es, dass er es war, der die Pfifferlinge gerade anführte.

Schließlich gelangten sie zum Bach. Ein Mückenschwarm stand wie eine Wolke aus winzigen Leibern über einem matschigen Uferstreifen – und genau hier endeten die Abdrücke der Wolfspfoten neben einem Busch.

„Hm, ob der Wolf über den Bach gesprungen ist? Oder hindurch-gelaufen?", überlegte Benni laut.

Plötzlich knackte etwas und Benni stieß einen spitzen Schrei aus.

„Habt ihr das auch gehört?", hauchte er. Die Angst war plötzlich wieder da. „Was war das?"

Sie alle schwiegen und lauschten gebannt.

Wieder ein Knacken. So, als sei jemand auf einen Ast getreten.

„Das ... das ist bestimmt der Wolf. Er ist da irgendwo!" Benni deutete zitternd auf den Busch.

Tim folgte seinem Blick. Nichts rührte sich dort. „Nein, da ist niemand, das ist bestimmt ..."

Knack ... direkt hinter ihnen!

Tim schoss herum. Sein Herz pochte wie das einer fliehenden Maus. Wäre er doch nie mit den anderen in den Wald gelaufen! Er hielt den Atem an, spähte in alle Richtungen. Nichts, nichts, nichts. Niemand lauerte im Unterholz.

Gut, ein Glück! Tim beruhigte sich.

„Weiter", rief Fenja unbeirrt.

Tim drehte sich wieder um und sah, dass seine Schwester bereits über den Bach gesprungen war. Sophia folgte ihr gerade. Nur Benni wirkte noch wie gelähmt.

Wieder zögerte Tim. Sollten sie wirklich weitergehen?

„Ha, ich habe die Spur wiedergefunden!", jubelte Fenja in diesem Augenblick.

Bennis Erstarrung wich. „Lass mich mal sehen …" Schon war auch er auf der anderen Seite des Baches.

Tim überwand seine Zweifel. Er wollte nicht den Aufpasser spielen oder als feige gelten. Und einmal mehr sagte er sich, dass sie doch nur einem verletzten Tier helfen wollten.

„Na, dann mal los", meinte er zu den anderen, die ihn schon ungeduldig anschauten.

Die Wolfsspur führte schnurstracks zwischen den Bäumen hindurch tiefer in den Wald hinein.

„Hier geht es direkt zu unserer Hütte", sagte Fenja unterwegs.

„Ja, und hier sind noch andere Spuren", rief Benni unvermittelt. „Fußspuren von zwei Menschen …"

Erneut hielten sie inne.

„Das waren keine Erwachsenen, schätze ich", meinte Tim und stellte seinen rechten Fuß neben einen der Abdrücke. Sie waren in etwa gleich groß. „Eher Kinder in meinem Alter."

„Rollo und Dustin!", stieß Fenja alarmiert hervor.

Sophia stöhnte auf. „Oh nein, haben die etwa unsere Hütte entdeckt?"

„Es ist doch gar nicht gesagt, dass es Rollo und Dustin waren, die sich hier herumgetrieben haben", versuchte Tim sie zu beschwichtigen.

„Und wenn doch?", beharrte Fenja. „Wir müssen nachsehen. Es ist nicht mehr weit."

Die Sorgen um ihr in wochenlanger, mühevoller Arbeit errichtetes Versteck trieb sie voran. Nach zehn Minuten tauchte die heiß geliebte Hütte zwischen den Bäumen auf.

„Ha, nichts ist kaputt!", freute sich Sophia. „Jedenfalls außen. Ich schaue mal innen nach."

„Nein, warte. Geh nicht zu Tür!", zischte Tim. Er hatte etwas gesehen, was dafür sorgte, dass ihm ein Schauder über den Rücken lief.

In der Falle

Sophia drehte sich zu ihm um. „Was hast du denn?"

„Die Tür ... sie steht einen Spalt offen", sagte Tim.

„Oje", meinte Sophia. Sie wirkte unschlüssig.

Fenja trat neben sie. „Wir lassen die Tür nie auf. Also ist da jemand drin. Ob das Rollo und Dustin sind?", flüsterte sie.

„Dann mopsen die bestimmt die Kekse", grummelte Sophia.

„Oder sie machen etwas kaputt", fürchtete Benni.

„Vielleicht ist der Besucher auch schon wieder weg. Am besten schauen wir durch ein Fenster", meinte Tim.

Die Pfifferlinge huschten geduckt dorthin, steckten die Köpfe zusammen und riskierten einen Blick in ihre Hütte.

Ihnen stockte der Atem. Sie hatten tatsächlich Besuch. Aber das waren nicht Rollo und Dustin, es war ... der Wolf! Er schaute zu Sophias Keksen hinauf, die an dem Haken hingen.

„Das gibt es nicht ...", war alles, was Fenja herausbrachte.

„Hi-hi-hilfe", stammelte Benni leise.

Nun versuchte der Wolf, auf die Hinterbeine zu kommen. Dabei knickte er mit dem verletzten rechten Bein ein.

Tim tat das Tier leid. Bestimmt war der Wolf wegen der Verletzung nicht mehr in der Lage zu jagen. In seiner Not war er in die Hütte der Pfifferlinge eingedrungen.

Der Wolf unternahm einen erneuten Versuch, an die Kekse zu kommen – und diesmal hatte er Erfolg. Der Beutel fiel herunter, und die süße Pracht verteilte sich auf dem Boden. Sofort machte sich das Tier darüber her. Die Pfifferlinge am kleinen Fenster bemerkte er dabei nicht.

„Ui, der hat aber Hunger", kommentierte Sophia.

„Ja, und als nächstes frisst er uns", jammerte Benni.

„Quatsch", sagte Tim schnell. „Ich habe dir doch jetzt schon ein paar Mal gesagt, dass Wölfe keine Menschen angreifen."

Aber auch Tim war nervös und ängstlich, auch wenn er darauf bedacht war, sich das nicht anmerken zu lassen. Dieser Wolf war sehr groß, er war verletzt, mit ziemlicher Sicherheit völlig ausgehungert und deshalb verzweifelt. Womöglich tat das Tier in seiner Not etwas, was es sonst nicht tun würde …

Sie hätten sich niemals über das Verbot ihrer Eltern hinwegsetzen dürfen. Schon gar nicht er, der Älteste!

Und jetzt?

Der Wolf steckte seine Schnauze in den kleinen Sack, um auch an die letzten Krümel zu kommen. Gleich war die Beute verputzt. Tim wurde klar, dass ihm etwas einfallen musste. Und zwar schnell! Sein Blick fiel auf die Tür. Da hatte er eine Idee!

Tim sauste zum Eingang, schloss die Tür und stemmte sich dagegen.

„Holt die Baumstümpfe her, auf denen wir immer sitzen!", rief er den anderen zu.

Ohne Fragen zu stellen, gehorchten Fenja, Sophia und Benni.

Rums! Von innen schlug etwas gegen die Tür. Das konnte nur der Wolf gewesen sein, der ahnte, dass er in der Falle saß.

„Schneller!", feuerte Tim die anderen an.

Die Holzklötze waren jedoch so schwer, dass Fenja, Benni und Sophia sie kaum hochheben und tragen konnten. Also begannen sie damit, die Stümpfe zu Tim zu rollen.

Rums, der nächste Schlag gegen die Tür!

„Beeilt euch!", flehte Tim. „Stellt die Stümpfe neben mich!"

Jetzt hatten es die drei Kleinen geschafft: Die Tür war von außen blockiert, der Wolf gefangen.

„Puh", machte Benni, der unendlich erleichtert wirkte. „Jetzt kann er niemandem mehr etwas tun."

„Und niemand kann dem Wolf etwas tun", ergänzte Tim. „Denkt nur daran, mit was Rollo auf dem Spielplatz gedroht hat …"

Fenja schüttelte sich bei diesem Gedanken. „Tim, ruf Papa an. Der weiß, was wir jetzt machen sollen."

Tim zog das Handy aus der Tasche, doch er zögerte, die Nummer zu wählen. Papa würde bestimmt total sauer auf ihn sein, weil Tim sein Verbot missachtet hatte.

„Mach schon!", drängte seine Schwester.

Tim atmete einmal tief durch. „Okay …"

„Hallo Tim", meldete sich sein Papa. „Alles klar bei dir? Wie war's in der Schule?"

„Äh, gut", antwortete Tim. „Sag mal, wo bist du?"

„Im Wald natürlich. Ich habe gerade eine der Fotofallen kontrolliert. Keine Spur vom Wolf. Ich glaube, dass er weitergezogen ist."

Wieder zögerte Tim einen Moment. „Na ja, das glaube ich nicht …", sagte er schließlich langsam.

„Wie kommst du denn da drauf?", fragte sein Papa.

„Weil, also es ist so, der …"

Da mopste Fenja ihm das Handy. „Hallo Papa, wir haben den Wolf gefangen. Er ist in unserer Hütte", rief sie.

„Was? Ihr seid im Wald?"

„Na klar!"

„Klar? Gar nichts ist klar!", meinte ihr Papa. „Ich habe es euch ausdrücklich verboten. Kann der Wolf da irgendwie raus?"

„Nein, wir haben die Tür verrammelt."

„Wenigstens das."

„Du musst ganz schnell kommen", bat Fenja.

„Natürlich, ich bin schon unterwegs."

Nur zehn Minuten später hetzte der Förster heran, Bob an seiner Seite.

Zunächst kontrollierte er, ob der Wolf, der unruhig in der Hütte auf und ab lief, wirklich nicht ausbrechen konnte.

Dann gab es eine Standpauke für die Pfifferlinge, vor allem aber für Tim.

„Gerade von dir hätte ich erwartet, dass du vernünftiger bist", schimpfte der Förster.

Betreten musterte Tim seine Schuhe.

Doch der Ärger seines Papas war wie immer schnell verraucht und Tim wagte zu fragen: „Was passiert denn jetzt mit dem Wolf?"

Die Stirn des Försters lag in Falten. „Ich muss telefonieren", antwortete er ausweichend.

Eine Viertelstunde später rannte ein Mann auf sie zu.

Fenjas Augen weiteten sich vor Schreck. Der Mann hatte ein Gewehr geschultert!

„Papa, du hast doch nicht etwa einen Jäger alarmiert?", fragte Fenja ungläubig.

„Nein, natürlich nicht", antwortete er. „Das ist mein Freund Frank. Er ist Tierarzt."

„Na, wo ist denn unser Patient?", fragte der Arzt, als er den Förster und die Pfifferlinge erreicht hatte.

„In der Hütte", sagte Tim. „Aber Sie dürfen ihm nichts tun."

Der Arzt lachte. „Versprochen. Ich will ihm doch nur helfen."

Dann wurde er schlagartig ernst. „Wenn das denn möglich ist …"

„Und wenn nicht?", fragte Fenja voller Angst.

Der Arzt schüttelte den Kopf. „Daran wollen wir lieber nicht denken."

Er ging zum Fenster und spähte in das Innere der Hütte. „Was für ein schönes Exemplar von einem Wolf", murmelte er dabei. Dann legte er mit dem Gewehr an und gab einen Schuss ab.

„Treffer", verkündete er. „Jetzt müssen wir nur ein wenig warten."

Nachdem einige Zeit verstrichen war, wuchteten der Arzt und der Förster die Klötze weg und öffneten die Tür.

Die Pfifferlinge spähten an ihnen vorbei in das Innere ihres Verstecks. Dort lag der Wolf ganz friedlich auf der Seite.

Fenja hatte große Sorge um das Tier. „Ist er ... etwa ...“

„Nein, er schläft nur“, beruhigte der Arzt sie.

Dann untersuchte er ihn gründlich. Ein besonderes Augenmerk richtete der Tierarzt natürlich auf das verletzte Bein.

„Hm, ich vermute, dass er von einem Auto angefahren wurde“, meinte er.

„Und, hat er eine Chance?“, fragte Tim in der Tür. Hoffnung klang in seiner Stimme mit.

Mit bewölkter Miene schaute der Arzt zu ihm zurück. „Ich werde alles versuchen. Aber versprechen kann ich dir und deinen Freunden leider nichts.“

Ein letzter Gruß

Das verletzte Tier kam in die Auffangstation im nahegelegenen Wolfcenter.

„Das ist kein Gehege wie in einem Zoo oder einem Wildpark", erklärte der Förster den Pfifferlingen. „In einer Auffangstation wird versucht, ein verletztes Tier gesund zu pflegen. Es ist dort also nur vorübergehend."

Fenja lächelte „Sobald der Wolf wieder gesund ist, kann er mit den anderen Wölfen im Gehege spielen!"

„Nein, das wird nicht gehen", antwortete ihr Papa. „Unser Wolf wurde in Freiheit geboren. Es ist nicht an Menschen und Zäune gewöhnt. Außerdem würde ihn das bereits bestehende Rudel nicht akzeptieren."

Da wurde Fenja traurig. „Oh, das ist ja schade ... Und was geschieht dann mit ihm?"

„Wenn unser Wolf wieder fit ist, wird man ihn an einer geeigneten Stelle auswildern und ihm seine Freiheit zurückgeben."

Fenja strahlte. „Ah, das klingt schon viel besser!"

Die nächsten Tage waren hart für die Pfifferlinge, auch wenn sie jetzt wieder zu ihrer Hütte durften und der Waldkindergarten geöffnet war.

„Wie geht es unserem Wolf?", fragten Tim und Fenja ein ums andere Mal ihren Papa.

Der Förster antwortete stets: „Ich hoffe, dass er durchkommt."

Zwei Wochen vergingen.

Eines Tages, die Pfifferlinge malten gerade eine der Außenwände ihrer Hütte neu an, klingelte Tims Handy.

Sein Papa war dran.

„Seid ihr bei eurer Hütte?", fragte er.

„Ja, wir streichen gerade."

„Okay, dann lasst mal die Pinsel fallen und kommt schnell nach Hause."

„Was gibt es denn?"

„Wir machen einen kleinen Ausflug. Mehr verrate ich nicht. Beeilt euch!" Damit beendete der Förster das Gespräch.

Tim war fürchterlich aufgeregt. „Das war Papa. Er hat eine Überraschung für uns. Kommt!"

Die Pfifferlinge sausten los und erreichten wenig später ihr Ziel.

Der Förster saß schon in seinem geländegängigen Auto. Die Kinder kletterten hinein, und dann ging es los. „Wohin fahren wir?", wollte Fenja wissen.

Doch ihr Papa grinste nur. Er fuhr aus der Stadt hinaus und bog nach einer halben Stunde auf einen holprigen Forstweg ab. Nach weiteren fünfzehn Minuten erreichten sie eine große einsame Lichtung, wo die Pfifferlinge noch nie gewesen waren.

Hier wartete der Tierarzt. Er winkte den Förster und die Pfifferlinge heran und reichte ihnen ein Fernglas. „Schaut mal da rüber." Er deutete auf eine stabile Box, die in etwa hundert Metern Entfernung mitten auf der Lichtung stand. Sie verfügte über eine Klappe, die offen war und einen Blick in das Innere erlaubte.

Fenja spähte mit Hilfe des Fernglases hinein. Dort lag der Wolf!

„Schläft er?", fragte sie leise.

„Ja, aber nicht mehr lange", antwortete der Tierarzt, der eine Kamera griffbereit hatte. „Die Betäubung müsste gleich nachlassen."

Minuten verstrichen, die den Pfifferlingen wie Stunden vorkamen. Doch dann rührte sich das Tier. Erst hob der Wolf den Kopf, dann streckte und reckte er sich und kam auf alle Viere hoch.

Die Pfifferlinge, der Förster und der Arzt zogen sich noch ein Stück zurück und duckten sich hinter Büschen.

Tim, Fenja, Sophia und Benni bogen die Zweige auseinander und schauten gebannt zur Lichtung.

Auf etwas wackligen Beinen stakste der Wolf aus der Box. Er witterte und schaute sich um. Schließlich lief er los und schnürte über die Lichtung, wobei er sich immer mehr von den Menschen hinter den Büschen entfernte. Der Arzt filmte.

Tim bemerkte, dass die Bewegungen des Wolfes zunehmend sicher und geschmeidig wurden.

„Er ist wieder völlig gesund", sagte er leise zu den anderen.

„Wie schön", freute sich Fenja. Sie und die anderen Pfifferlinge waren überglücklich.

Als der Wolf das andere Ende der Lichtung erreicht hatte, hob Fenja die Hand und winkte ihm nach. „Mach's gut, viel Glück!"

Dann war das stolze Tier zwischen den Bäumen verschwunden …

Steckbrief Wolf

Lateinischer Name: canis lupus

Aussehen: Dass so gut wie jede unserer Hunderassen vom Wolf abstammt, kannst du dir sicher leicht vorstellen, denn ein Wolf sieht einem großen Schäferhund doch sehr ähnlich.

Allerdings ist ein Wolf größer – bis zu 90 cm hoch und fast 1,50 Meter lang. Der Brustkorb des Wolfs ist schmaler als bei Hunden und seine Beine sind meist etwas länger.

Das Fell der Wölfe ist gelbbraun bis grau, im Gesicht um die schönen gelben Augen herum eher dunkel mit weißen Wangen. Die Schwanzspitze eines Wolfs ist schwarz.

Bei Wolfsspuren sind die Abdrücke der Krallen gut zu sehen. Der Abdruck zeigt neben den Krallen vier Zehen und einen herzförmigen Handtellerballen. Der Pfotenabdruck ist größer als beim Hund, etwa 8–12 cm lang und 7–11 cm breit.

Ein typisches Merkmal einer Wolfsspur ist auch, dass der Wolf „schnürt": Er setzt die Hinterpfote in den Abdruck der Vorderpfote derselben Körperhälfte. Die Schrittlänge im Trab liegt bei etwa einem Meter.

Verbreitung: Früher waren Wölfe auf der gesamten Nordhalbkugel zu Hause. Doch die Menschen haben die Wölfe nahezu ausgerottet. Inzwischen stehen sie unter Naturschutz und siedeln sich seit einigen Jahren langsam wieder in Deutschland an. Die meisten Wölfe leben in den nördlichen und ostdeutschen Bundesländern, nahe der polnischen Grenze. Doch breiten sich die Wölfe stetig weiter aus.

Momentan (Stand Monitoring 2018) gibt es 73 Wolfsrudel und etwa 30 Wolfspaare in Deutschland. Das entspricht etwa 1000 Tieren.

Naturschützer und Tierfreunde freuen sich über die Wiederansiedlung der Wölfe. Bauern und Nutztierhalter sehen diese Entwicklung meist mit Besorgnis, denn es gilt, Schafsherden und junge Weiderinder zu schützen, die sonst leicht von den Wölfen als Beute erlegt werden.

Alter: 10–13 Jahre in freier Wildbahn, in Gefangenschaft bis zu 18 Jahre

Gewicht: Männchen werden bis zu 70 kg schwer. Die weiblichen Wölfe (Fähen) sind leichter und erreichen maximal 50 kg

Familienleben: Wölfe leben in Rudeln von 3–11 Tieren. In der Regel leben die Wolfseltern, Rüde und Fähe, mit ihren Kindern aus den letzten zwei Jahre zusammen. Die Eltern sind die „Chefs" und bleiben ein Leben lang zusammen. Zum Rudel gehören die Welpen und die „Jährlinge", so nennt man die großen Geschwister. Das Rudel kümmert sich gemeinsam um die kleinen Welpen. Die Welpen werden niemals alleine gelassen, stets passt einer der Wölfe auf sie auf, während die anderen jagen oder ihr Revier verteidigen. Es ist ein bisschen wie in einer Familie.

Wenn die großen Jungwölfe zwei Jahre alt werden, verlassen sie das Rudel und suchen sich ihr eigenes Revier.

Wölfe verständigen sich durch Knurren, Bellen oder durch bestimmte Körperhaltungen. Das berühmte Wolfsgeheul ertönt, wenn das Rudel sein Revier verteidigen will. Andere Wölfe hören es über 10 km weit und wissen, wo ihre Artgenossen leben.

Nahrung: Wölfe sind gute Jäger. Sie ernähren sich in erster Linie von Rehen, Hirschen oder Wildschweinen. Im Sommer jagen Wölfe auch kleinere Säugetiere und Fische oder fressen Obst.

Jedoch passen aber auch Weidetiere wie Schafe und Ziegen in ihr Beuteschema und müssen entsprechend mit Elektrozäunen und speziell geschulten Hütehunden geschützt werden.

Mensch und Wolf: Den meisten Menschen ist der Wolf als Bösewicht aus den Märchen bekannt. Daher ist es kaum verwunderlich, dass viele Menschen sich vor Wölfen fürchten und der Rückkehr der Wölfe eher mit Skepsis gegenüberstehen. Zudem hat sich der Lebensraum, in den die Wölfe zurückkehren, in den letzten 150 Jahren stark verändert. Die Landschaft ist geprägt von Städten und Dörfern und viel Landwirtschaft. Die freien Naturräume, die Wölfe für ein Revier brauchen, sind weniger geworden.

Dennoch halten Experten ein Zusammenleben von Mensch und Wolf für möglich. Es gab in Deutschland in den vergangenen fünf Jahrzehnten keinen einzigen Übergriff eines gesunden Wolfs auf Menschen, weil die scheuen Tiere uns schon von Weitem riechen und sich zurückziehen. Falls du doch jemals einen Wolf zu Gesicht bekommst, niemals füttern oder gar anfassen!

In den Gebieten, in welchen der Wolf wieder heimisch wird und sich langhaltig eingewöhnt, wird ein „Wolfsmanagement" eingesetzt, in dem viele Maßnahmen zum Schutz von Weidetieren ineinandergreifen.

Wichtig ist auch die Tatsache, dass Bauern inzwischen beim Aufbau von Schutzmaßnahmen für ihre Tiere unterstützt werden und im Schadensfall einen finanziellen Ausgleich erhalten.

Wer war im Wald? Tierspuren lesen

Im Wald sind viele Tiere unterwegs. Du musst nur genau hinschauen: Sind kleine Zweige abgeknickt, Blätter angeknabbert? Vielleicht kannst du auch im feuchten Waldboden Tierspuren entdecken. Am allerbesten geht das in frisch gefallenem Schnee!

Damit du herausfinden kannst, um welches Tier es sich handelt, schau dir die Tierspuren genau an. Denn jedes Tier hat seinen eigenen, unverwechselbaren Abdruck, den man Trittsiegel nennt.

Die Spuren von Reh und Wildschwein sehen sehr ähnlich aus, denn beide Tierarten laufen auf den Zehenspitzen, den Schalen, die man im Trittsiegel deutlich nebeneinander erkennen kann. Wer genau hinschaut, kann entdecken, dass bei den Spuren der Wildschweine hinter den Schalenabdrücken noch zwei kleine Zehenabdrücke zu sehen sind.

Reiht sich wie auf einer Linie ein Pfotenabdruck an den anderen – wie Perlen auf einer Schnur – dann „schnürte" ein Fuchs vorbei. Deutlich erkennt man, wie jede Pfote ihre Ballen und Krallen in den Boden gestempelt hat.

Hasen hinterlassen den sogenannten „Hasensprung". Sie setzen beim Hüpfen ihre langen Hinterbeine paarweise vor die kürzeren Vorderläufe. So entsteht das typische Trittsiegel, das du ganz einfach erkennen kannst.

Im Wald sind auch viele scheue Vögel unterwegs. Wahrscheinlich wirst du von Fasan oder Krähe nur die Spuren zu Gesicht bekommen. Die Spuren des Fasans sehen ein bisschen aus wie Seesterne, denen eine Zacke fehlt. Und die Krähe erkennst du an den zarten feinen Abdrücken.

Leckeres aus dem Wald

Viele Früchte und Blumen im Wald sind essbar. Allerdings ist es wichtig, dich wie Sophia gut mit Kräutern auszukennen, bevor du irgendwelche Beeren pflückst und isst. Lass dir von deinen Eltern helfen, die richtigen Beeren und Pflanzen zu finden.

Für Natur-Einsteiger eignen sich diese einfachen und superleckeren Rezepte.

Sophias Walderdbeer-Marmelade

Walderdbeeren findest du am besten am Waldrand, auf Lichtungen oder entlang eines Waldwegs, denn die Erdbeere mag es gerne sonnig. Ab Juni kannst du dich im Wald auf die Suche nach den roten kleinen Beerchen machen.

Sophias Tipp: Marmelade nur aus Walderdbeeren wird beim Kochen bitter und zu fest. Am besten mischt ihr normale Erdbeeren und Walderdbeeren, dann wird die Marmelade wunderbar erdbeerig!

Zutaten:
1 kg Erdbeeren
100 g Walderdbeeren
Gelierzucker 1:2
eine Bio-Zitrone

1. Zuerst die Erdbeeren waschen, die grünen Blätter abschneiden und in kleine Stücke schneiden. Erdbeerstücke und Walderdbeeren in einen großen Kochtopf füllen.

2. Die Zitrone auspressen und den Saft zu den Erdbeeren geben. Gelierzucker unterrühren und alles erst einmal eine Stunde zugedeckt stehen lassen.

3. Dann den Topf auf den Herd stellen und die Erdbeeren richtig Erhitzen, bis sie sprudelnd kochen. Wichtig ist, dass du immer weiterrührst, damit nichts anbrennt.
   Dann in saubere Gläser füllen, sofort den Deckel fest draufschrauben und 5 Minuten auf den Kopf stellen.

Die Marmelade schmeckt wunderbar auf frischem Brot oder in Naturjoghurt!

Baum-ABC

Fenja, Tim, Benni und Sophia kennen sich nicht nur mit den Tieren des Waldes gut aus. Nein, sie wissen auch bestens über die Bäume Bescheid, die du im Wald entdecken kannst. Weißt du, wie die Blätter der Bäume genau aussehen? Und kennst du ihre Früchte?

1. Buche

Die (Rot)Buche ist ein Laubbaum, der im Frühling leuchtend grüne Blätter trägt. Eine Buche kann 300 Jahre alt werden und wächst bis zu 40 Meter hoch.

Ihre Früchte, die Bucheckern, sind essbar. Sie schmecken wie Nüsse. Du musst sie jedoch unbedingt vorher schälen und rösten! Rohe Bucheckern enthalten Fagin, davon kannst du Bauchweh bekommen.

2. Eiche

Die Eiche wächst vor allem in die Breite und verzweigt sich stark. Viele Tiere, vor allem Schmetterlinge, sind in ihrer mächtigen Baumkrone zu Hause.

Eichen werden sehr alt, fast 1000 Jahre alt. Ihre Blätter sind länglich und eingekerbt, die Enden abgerundet. Die Eiche trägt im Herbst viele Früchte, die Eicheln. Eicheln sind oval und hellbraun und wachsen in Schälchen.

Sophias Tipp: Versuch doch mal auf einem Eichelschälchen zu pfeifen! Dazu nimmst du die Eichel raus und klemmst es mit der offenen Schale nach oben zwischen deine Finger. Jetzt musst du geduldig üben, bis ein schriller Pfiff ertönt.

3. Fichte

Fichten und Tannen gehören zu den Nadelbäumen unseres Waldes und werden oft miteinander verwechselt. Fichten haben spitze Nadeln und ihre Zapfen wachsen nach unten. Wenn du Zapfen im Wald findest, sind das immer Fichtenzapfen, denn nur die Fichte wirft ihre Zapfen ab.

4. Tanne

(Weiß)Tannen kommen in unseren Wäldern sehr häufig vor. Sie gehören zu den größten Bäumen im Wald und können über 60 Meter hoch und 600 Jahre alt werden. Ihre Nadeln sind vorne abgerundet und piksen nicht. Auf der Unterseite kannst du zwei zarte weiße Streifen erkennen. Echte Tannenzapfen wachsen aufrecht und nach oben auf der Tanne. Ein Tannenzapfen fällt niemals ganz vom Baum, denn die Tanne wirft nur einzelne Schuppen ab.

5. Ahorn

(Berg)Ahorn findet du in vielen Wäldern. Ihre Blätter haben wie deine Hand auch 5 Blattspitzen, die vorne ganz spitz zulaufen. Ihre Samen sehen aus wie kleine Propeller.

Versuch doch mal, sie fliegen zu lassen. Ja genau, dann drehen sie sich wie kleine Hubschrauber!

Natur-Rätsel: Weißt du, welche Frucht zu welchem Baum gehört?

Lösung 1C, 2A, 3B, 4D

Waldkonzert

Keine Frage, richtig gute Detektive müssen genau beobachten, kombinieren und logisch denken. Doch ebenso wichtig ist es, gut zuhören zu können. Also schule dein Gehör und lerne, auf die feinen Töne zu achten!

Setz dich im Wald auf einen Baumstamm oder ins weiche Moos und schließe deine Augen. Jetzt Ohren auf, 2 Minuten mucksmäuschenstill sein und lauschen. Achte genau auf all die kleinen Geräusche des Waldes.

Hörst du den Wind in den Blättern rascheln? Oder das zarte Knacken eines Asts, wenn sich die Tiere im Unterholz bewegen? Hörst du Vogelstimmen oder das Klopfen eines Spechts? Vielleicht summt auch eine Biene oder Waldhummel in deiner Nähe.

   Es gibt so viel zu entdecken, wenn du nur genau zuhörst!

Durstlöscher für heiße Tage – Holundersirup

Die weißen, zart duftenden Blüten des schwarzen Holunders kannst du ab Mai an sonnigen Waldrändern pflücken. Holunderblüten am besten an einem sonnigen Tag am frühen Nachmittag pflücken, dann ist ihr Geschmack am intensivsten.

Sophias Tipp: Pass beim Sammeln gut auf, denn es gibt auch den giftigen Schierling, der sehr ähnlich aussieht. Echten Holunder erkennst du am Geruch, er duftet wunderbar. Die Blüten am besten in einem großen Korb sammeln, damit du sie nicht zerdrückst.

Zutaten:
etwa 25 Holunderblüten
2 Bio-Zitronen
1 Liter Wasser
1 kg Zucker
25 g Zitronensäure

1. Zitronen in Scheiben schneiden. Mit den Holunderblüten und dem Wasser in eine große Schüssel geben, mit einem Tuch abdecken und über Nacht stehen lassen.

2. Holunderwasser am nächsten Tag durch ein Sieb in einen großen Topf schütten und mit dem Zucker und der Zitronensäure einmal sprudelnd aufkochen.

3. Dann in saubere, gut verschließbare Flaschen füllen. Schon fertig! Holunderblütensirup schmeckt superlecker mit viel Wasser und Eiswürfeln!

Butterbrot mit Bärlauch und Gänseblümchen

Ende April bis Mitte Mai wächst im Wald der Bärlauch. Er riecht sehr stark nach Knoblauch und wächst an langen Stängeln direkt aus dem Boden. Seine Blattunterseite ist matt. Lass dir beim Pflücken von einem Erwachsenen helfen, bis du dir ganz sicher bist.

Gänseblümchen erkennst du bestimmt sofort, davon kannst du einige Köpfchen abpflücken.

Zutaten:
frisches Brot
Quark, Frischkäse oder Butter
Bärlauchblätter
Gänseblümchen
Kräutersalz

1. Bärlauchblätter und Gänseblümchen waschen. Bärlauchblätter klein schneiden.

2. Dann dein Brot mit Butter, Frischkäse oder Quark bestreichen, je nachdem, was du am liebsten isst. Gänseblümchen und geschnittenen Bärlauch drüberstreuen und ein bisschen mit Kräutersalz würzen. Mmmmmhhh – lecker!

Schleuder schnitzen

Die Natur-Detektive haben sich eine tolle Spielidee aus Naturmaterialien ausgedacht: Zielschießen mit einer selbst gebauten Astschleuder. Dabei muss man mit kleinen Fichtenzapfen versuchen, genau in die Mitte de Zielscheibe zu treffen. Dazu hat Sophia eine große Zielscheibe aus Karton gebastelt und sie an einer Tanne aufgehängt. Wer die meisten Treffer hat, gewinnt!

 Benni mag dieses Spiel besonders gerne, denn dabei kann Fenja endlich mal nicht schummeln!

Tim sagt: Denk daran, mit einer Schleuder verantwortungsvoll umzugehen. Nicht auf Menschen und Tiere zielen! Ein Treffer mit hartem Geschoss kann gefährlich werden.

Du brauchst:
eine Astgabel
Schnitzmesser
Einmachgummi

1. Zuerst musst du vorsichtig die Enden der Astgabel mit dem Schnitzmesser abrunden.

2. Dann das Einmach-Gummi einmal durchschneiden. Dabei ist wichtig, dass die dicke Stelle mit der Lasche die Mitte bildet.

3. Knote die Enden des Gummis an den beiden Seiten der Astgabel fest. Fertig! Jetzt kannst du auf einem freien Gelände das Zielen üben. Achte vor dem Schießen immer darauf, dass die Flugbahn frei ist.

Sophias Tipp: Mit einem Schnitzmesser solltest du achtsam umgehen, damit du dich nicht verletzt.

Such dir einen guten Sitzplatz, am besten auf dem Boden oder einen stabilen Stuhl, der nicht wackelt. Strecke die Beine aus und spreize sie hüftbreit, dann hast du in der Mitte genug Platz für deine Hände mit dem Schnitzmesser.

Führe das Schnitzmesser immer von dir weg! Nun behutsam und mit leichtem Druck Stück für Stück wegschnitzen. Schnitzarbeit erfordert Geduld! Schon bald kannst du dein erstes selbst geschnitztes Werk bewundern.

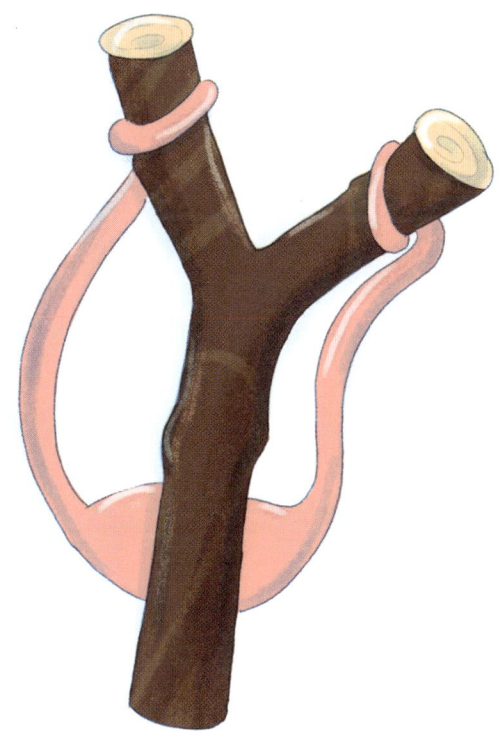

Webrahmen aus Natur-Materialien

Wenn du achtsam und mit offenen Augen durch den Wald streifst, kannst du viele kleine Kostbarkeiten finden: bunte Blätter, kleine Zweige mit Blüten oder Beeren, schöne Gräser, Blumen ...

Aus diesen Fundsachen kannst du dir ein kleines Kunstwerk basteln, einen Natur-Webrahmen!

Fenja meint: Du kannst auch kleine Schnecken-häuser oder schöne Steine, oder Rinde mit einweben. Binde sie an der Wolle fest oder bitte deine Eltern, dir ein Loch hineinzubohren.

Du brauchst:
4 gleichlange, gleichdicke Äste
(circa 20 cm lang)
Wollreste in deiner Lieblingsfarbe
schöne Fundsachen aus dem Wald

1. Die vier Äste zu einem Quadrat legen und mit der Wolle zusammenbinden. Fixierte die Ecken, indem du sie nochmals extra mit Wolle über kreuz umwickelst und festbindest.

2. Mit einem langen Stück Wolle den Rahmen bespannen. Das geht am besten, wenn du ihn zuerst festkotest, dann den Wollefaden zum gegenüberliegenden Ast führst, einmal um den Ast wickelst und stramm ziehst. Wenn du das oft wiederholst, hast du schnell den ganzen Rahmen bespannt.

3. Jetzt kannst du die Blumen, Gräser, Beerenzweige und all die anderen Kostbarkeiten einweben und den Rahmen dekorieren.

4. Die meisten Blüten sehen auch getrocknet sehr hübsch aus, daher ist es nicht schlimm, wenn die Blümchen allmählich welken!

Leseprobe

Die Natur-Detektive
Abenteuer in der Fledermaushöhle

Die Entdeckung

Mit der Taschenlampe in der Hand drehte sich Benni um die eigene Achse, leuchtete mal hierhin, mal dorthin. Niemand war zu sehen. Aber da, da huschte etwas in einen Spalt! Was war das gewesen? Irgendein Tier, ein pelziges Tier – etwa eine Ratte? Bennis Nackenhaare stellten sich auf.

Plötzlich ein Klacken, als ob zwei Murmeln gegeneinander gerollt wären. Dann ein Platschen. Das kam zweifelsfrei von der Decke: ein Wassertropfen war von der Spitze des Korkenzieher-Stalagtits gefallen. In Bennis Fantasie klang es wie ein Herzschlag, der Herzschlag der Höhlen.

„Tim? Fenja? Sophia?", flüsterte er atemlos. Seine Stimme war nicht viel mehr als ein ängstliches Krächzen. „Ihr habt euch bestimmt versteckt und wollt mich erschrecken. Hört auf mit dem Quatsch. Das ist nicht lustig!"

Wieder bekam Benni keine Antwort ...

‚Uiuiui!', dachte er, während eine Gänsehaut seine Unterarme überzog. Gar nicht gut, gar nicht gut!

Wieder drehte er sich wie ein Kreisel um die eigene Achse und verlor dabei endgültig die Orientierung. Seine Freunde waren doch bestimmt geradeaus gegangen ... oder doch nach links?

Mhm ... Benni wusste es nicht und stürzte blindlings los – nach links. Dabei stolperte er über eine Unebenheit und ließ die Lampe fallen. Mit einem Knall landete sie auf dem felsigen Boden, und das Licht erlosch. Dunkelheit.

Das hatte Benni gerade noch gefehlt! Er beugte sich hinunter und begann, den Boden hektisch nach der Lampe abzutasten. In diesem Moment streifte ihn etwas an der Schulter. Benni erstarrte, doch dann stieß er einen Schrei aus, den man vermutlich bis zu ihrer Hütte hören konnte. Der Schrei hallte von den Höhlenwänden wider und fraß sich in das Innere des steinernen Labyrinths – und nachdem er verklungen war, hörte Benni Stimmen.

Das war doch ... Fenja!

„Benni? Wo steckst du?"

„Hier!", rief er überglücklich.

„Wo ist hier?" Das kam von Tim.

„Irgendwo ... äh ... vor euch", erwiderte er.

Schon sah er einen Lichtschimmer, der rasch größer wurde. Das Licht tanzte über den Boden und kam auf ihn zu. Tatsächlich, da waren seine Freunde!

Keine Minute später war der kleine Benni von seinen Freunden umringt. Er atmete auf.

„Wo ist denn deine Lampe?", fragte Tim.

„Ich bin gestolpert und habe sie fallen gelassen", gestand Benni. „Sie muss hier irgendwo liegen."

Nach einer kurzen Suche fanden sie die Taschenlampe, und Tim untersuchte sie. „Das Birnchen scheint kaputt zu sein", murmelte er.

„Oh, wie dumm", sagte Benni erschrocken.

„Das ist doch nicht so schlimm, du kannst meine Lampe haben", bot Fenja an.

Benni schüttelte den Kopf. „Das ist lieb von dir, aber dann hast du ja keine mehr."

Da schlug Sophia vor: „Wir bleiben jetzt einfach alle dicht zusammen und nehmen Benni in die Mitte. Unser Licht ist auch sein Licht."

Benni wurde warm ums Herz. Es gab doch nichts Tolleres als solche Freunde! [...]

Seite an Seite erforschten die Pfifferlinge weiter die spannende Welt. Unvermittelt blieb Tim stehen. „Seht mal ..."

Er leuchtete in eine Ecke rechts über ihnen.

„Wow, das sind ja ... Fledermäuse!", stieß Fenja hervor.

„Ja, das sind Nordfledermäuse!", erkannte Benni. Er sprach im Flüsterton. „Aber psst, die schlafen. Weckt sie bloß nicht auf."

Leise traten die Pfifferlinge näher. Dabei zog Tim das Handy hervor. Vielleicht gelang ihm ja ein Foto für sein Referat!

Hoffentlich war es nicht zu dunkel. Aber wenn einer der anderen die Stelle ausleuchtete, könnte es klappen.

Er bat Fenja darum. „Klar, mache ich", sagte sie sofort.

„Lasst das lieber", meinte Benni. „Ihr stört sie."

Doch Tim wollte unbedingt das Foto haben. Das Licht fiel auf die Tiere, die wie an einer Wäscheleine aufgereiht an einer Felsenkante hingen. Es waren bestimmt über zwanzig Tiere. Sie hatten ein seidiges, dunkelbraunes Fell und schwarze kurze Schnauzen.

„Hihi, die Fledermäuse hängen ja verkehrt herum", wisperte Fenja.

„Das ist ganz normal", meinte Benni. „Fledermäuse schlafen immer mit dem Kopf nach unten."

„Die sind ja winzig", stellte Sophia überrascht fest.

Plötzlich flogen die Fledrmäuse los. Der Schwarm schoss auf die Pfifferlinge zu, die sich instinktiv duckten. Die flinken Flieger sausten an ihnen vorbei und verschwanden in den Tiefen der Höhlenwelt.

„Puh!", stieß Sophia aus. „Die haben mir jetzt aber einen Schreck eingejagt"

„Mir auch", gestand Benni. Er schaute Tim und Fenja vorwurfsvoll an. „Ihr hättet die Fledermäuse nicht wecken sollen."

„Ja, du hast recht", meinte Tim kleinlaut. „Aber denk doch mal an mein Referat …"

Dann schaute er auf sein Handy. „Mist, das Foto ist nichts geworden, es ist verwackelt. Es war wohl doch zu dunkel."

„Vielleicht hast du später mehr Glück", versuchte Sophia ihn zu trösten. „Es gibt bestimmt noch andere Nordfledermäuse in diesen Höhlen. Lasst uns weiter nach ihnen suchen. Oder wollt ihr lieber umdrehen?"

Sie wollten weiterlaufen, als Benni plötzlich innehielt. „Seht, Spuren!" Er beugte sich über die winzigen Abdrücke und studierte sie durch seine Brille. Tim, Fenja und Sophia kauerten sich neben ihn.

„Weißt du, von welchem Tier die Spur stammt?", wollte Fenja wissen.

„Könnte von einem Kaninchen sein", murmelte Benni und beugte sich noch tiefer über die Abdrücke. „Aber hier stimmt etwas nicht …"

„Was denn?", fragte Fenja.

„Die Spur ist weiß!", antwortete Benni atemlos.

„Stimmt!", erkannte Tim. „Als wäre das Kaninchen durch Farbe geflitzt!"

Sophia schüttelte den Kopf. „Aber das ist doch eigentlich unmöglich. Wie soll denn Farbe hierher kommen? Es malt doch wohl niemand die Höhlenwände an."

Wortlos stand Benni auf und folgte der Spur mit seinen Freunden. Die Fährte führte um einen Felsbrocken herum in einen weiteren Höhlenraum – und hier entdeckten die Pfifferlinge etwas, was sie den Atem anhalten ließ.

Stickerspaß rund um die Natur

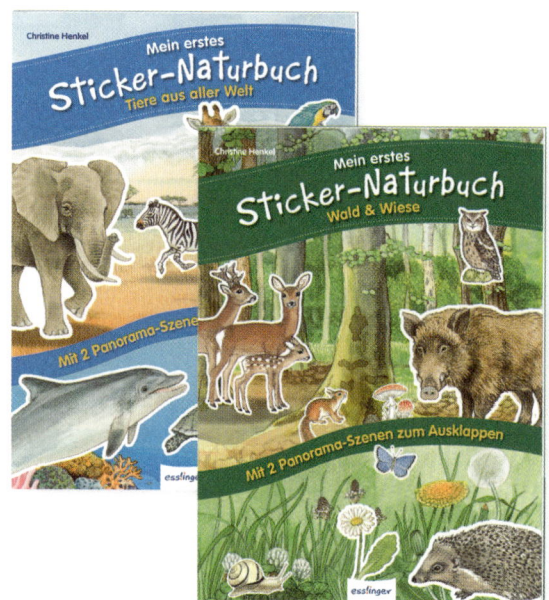

Christine Henkel

Mein erstes Sticker-Naturbuch
20 Seiten · Broschur

Tiere aus aller Welt
ISBN 978-3-480-23527-8

Wald & Wiese
ISBN 978-3-480-23528-5

Mit bunten Stickern verschiedene Tierwelten zum Leben erwecken! Je 120 Motive und zwei große Landschaftsszenen zum Ausklappen garantieren den ultimativen Beschäftigungsspaß zum stundenlangen Stickern und Spielen. Wer Lust hat, trennt die beidseitig bedruckten Leporello-Seiten ganz einfach heraus: Und fertig ist das tolle Wende-Poster fürs Kinderzimmer!

www.esslinger-verlag.de